华夏文库·佛教书系

白衣的智慧

弘法居士

王望峰 著

大地传媒 中州古籍出版社

《华夏文库》发凡

毫无疑问，每一个时代都有属于自己时代的精神追求、文化叩问与出版理想。我们不禁要问，在21世纪初叶，在全球文明交融的今天，在信息文明的发轫初期，作为一个中国出版人，我们正在或者将要追求什么？我们能够成就或奉献什么？我们以何种方式参与全球化时代的文化传播进程？在一连串的追问下，于是，有了这套《华夏文库》的出版。

自信才能交融。世界各大文明在坚守自身文化个性的同时，不约而同地加快了探视其他文化精神内涵的步伐，世界不同文明正在朝着了解、交流、碰撞、借鉴与融合的方向前进。在此背景下，建立自身的文化自信，正是与世界各文明民族进行文化交流的基本要求。五千年中华文明与文化正在不断地被其他文明所发现、所挖掘、所认知，汉语言正在生长为世界语言，儒文化正在世界各地生根发芽。

借助这样一种正在成长着的文化自信、自觉、开放、亲和之力，用我们这个时代的学术眼光全面系统梳理中华五千年的文明与文化，向其他各大文明与文化圈正面展示自我，让中华优秀文化成为世界文化的重要组成部分，正是我们出版这套文库的目的之一。此其一。

知己才能知彼。身处五千年文化浸润的今天，重新思考我们先人的人生思考、价值思考与哲学思考，找到一个民族、一个国家的价值所在、立命所在、安身所在，这已经是我们这个时代的学人与出版人不得不再思考的问题。作为中华文明的一分子，我们在思考的同时，还必须了解我们的先人创造了如何优秀的精神文明与物质文明以及社会文明。只有熟知自己的文化，热爱自己的文化，悟明自己的文化，我们才能宣说自己、弘扬自己、光大自己。因此，我们策划组织这套《华夏文库》的初衷，还在于让当下的知识青年全面系统瞭望中华文明与文化的全景，并借此能够对更为深广的世界各民族文化提供一个比较认知的基础。此其二。

顺势才能有为。我们正处在农耕文明、工业文明、信息文明的交汇处，信息文明带领我们从读纸时代进入读屏时代，以智能手机屏幕为代表的书籍呈现方式正在与纸质书籍争夺阅读时间与空间。我们正在领悟数字技术，正在以信息文明的视角，去整理、分析和研究农耕文明与工业文明的文化遗产，不仅仅是为了唤醒优秀的传统文化，我们还在生发和原创着当今时代的文化。由此，我们试图架起一座桥梁——由纸质呈现而数字呈现，由数字呈现而纸质呈现，以多媒介的书籍呈现方式，将文字、图像、声音与视频四者结合，共同筑成《华夏文库》以奉献给信息文明时代的新读者。此其三。

总之，这是一套——专家大家名家写小书；以最小的阅读单元，原创撰写中华精神文化、物质文化与社会文明系列主题与专题；以图文、音视频多媒介呈现的方式，全面介绍与传播中华文明与优秀文化，系统普及与推介中华文明与文化知识；主旨是为了让世界与中国共同了解中国的——大型丛书，借此，复兴文化，唤起精神，融入世界。

耿相新
2013 年 6 月 27 日

目 录

一 古代佛教居士

1 佛教居士的源流 ……………………………… 2

2 中国古代著名的佛教居士 …………………… 6

二 近代居士佛教的兴起

1 居士佛教兴起的背景 ………………………… 18

2 居士弘法与佛教复兴运动 …………………… 21

三 近代弘法居士与研究学者

1 弘法居士 ……………………………………… 26

2 研究学者 ……………………………………… 98

四　近代居士的团体与活动

1　居士佛教之研究机构 …………………… 117
2　居士佛教之修持团体 …………………… 121
3　居士佛教之慈善活动 …………………… 125

小知识目录

杨文会的学佛因缘 31
施省之与无锡国学专修馆 37
王一亭与海上画派 41
熊希龄缘结护法 45
欧阳渐与沈曾植 49
蒋维乔的静修功夫 53
丁福保与中西医之争 57
朱庆澜与极乐寺 60
求是学院同窗蒋尊簋 67
叶恭绰与交通大学 71
韩清净与宝一法师 75
苏曼殊的尚武情怀 78
朱芾煌与留法学会 82
夏丏尊的对联 86
吕澂与美术美育 90
王恩洋的护持黄联科 93
《护生画集》 97

章太炎与"《苏报》案" ·············· 101
梁启超的逃亡脱险 ················ 106
汤用彤与支那内学院 ··············· 110
梁漱溟以文得识而执教北大 ··········· 113

一 古代佛教居士

"居士"一词，字面上来理解，就是居家之士，在古代指有德才而隐居不仕或未仕的人。郑玄注《礼记·玉藻》时就说："居士，道艺处士也。"即指德行高尚而居家不仕的人，含有隐士的味道，这是其在我们中国本土的最初含义，而"佛教居士"的原始含义就得从古代的印度文化中来寻找了。

1. 佛教居士的源流

在古代的印度，"居士"意为家长、家主、长者，或有财产，或为"居家之士"，原指古印度"吠舍"种姓工商业中的富人，因信佛教者颇多，故佛教用以称呼受过"三皈"、"五戒"的在家佛教信徒。在原始佛教时期，佛法的弘扬受到长者的资助，这些所谓的长者也就是"居士"。《长阿含经》中将印度四姓之第三阶级"吠舍"种姓称为"居士"，并将轮王的财货大臣，称为"居士宝"。

据说，释迦牟尼在鹿野苑附近传教时，婆罗奈城的一位长者俱梨迦的儿子耶舍，因厌倦奢侈豪华的生活，深夜逃到鹿野苑，请求释迦牟尼帮他解脱苦恼。释迦牟尼将他收为了弟子。而这时俱梨迦为寻找儿子也来到了佛陀这里，佛陀就向他宣讲佛法。俱梨迦受了佛的启示，也动了出家的念头，但又恐家业无人管理。佛陀就教导他说，信仰佛法不必一定出家，于是便收了俱梨迦为第一位在家的佛弟子，称为"优婆塞"，就是指居家修行的居士。

俱梨迦成为优婆塞之后，请佛陀到他家讲学，佛陀又收了听信佛法的耶舍的母亲，这就是第一位"优婆夷"，意为"清信女"，汉译为"女居士"。佛陀说过：在家修行的优婆塞和优婆夷，如果遵守五戒，就同佛的其他弟子一样了。

到了大乘佛教时代，居士开始与种姓无关，与长者的联系也不再紧密了。在《维摩诘经》中，维摩诘居家学道，号称"维摩居士"。这时的居士就是指里巷之中的白衣平民了，用"居士"一词称呼维摩诘时，含有尊为大菩萨的意味。

我国东晋时期，来华译经的鸠摩罗什称居士为"白衣多财富乐者"，这与佛教初传中土时的背景是有关系的，"佛不自为佛，唯王能兴之"，"不依国主，则法事难立"，作为信众的上层贵族，往往也是社会财

《维摩诘居士》
敦煌莫高窟第 103 窟，开凿于盛唐，此壁画刻画了维摩诘这位大居士的生动形象

富的拥有者。这样看来，居士一定程度上又指那些上层有财富又信仰佛法的信众。

随着历史的发展，普通的在家信众也逐渐都可被称为居士，一些崇信佛道的文人雅士，也可自称居士，如李白自称"青莲居士"、白居易自称"香山居士"、欧阳修自称"六一居士"、苏轼自称"东坡居士"。

历史上的那些在家信众对佛法的理解与研究，作为佛教不可分割的一部分，推动了佛教的发展，也成就了居士佛教。居士佛教在全部佛教信仰活动中，占有着一定的地位。佛教的发展不仅仅体现在僧众的信仰、研究与修持，居士佛教的结社法会、刻经译经事业同样也是对佛教的推动，也是佛教文化的重要组成部分。

今天中国社会的佛教界，已经把一切信佛教的在家佛教徒皆称为居士了。

《八高僧故事图卷》
绢本，设色，宋代梁楷作。《八高僧故事图卷》共有8幅，这是第3幅，描绘了白居易拱谒，鸟窠指说的场景。图中拱谒者为白居易

史载：汉哀帝元寿元年（前2年），博士弟子景卢受大月氏王使臣伊存口授《浮屠经》……佛法传入中土后，中土佛教的第一批信众即成为了本土的居士。此时中土尚无比丘，第一位居士景卢竟然比第一位比丘朱士行早了250多年……

2．中国古代著名的佛教居士

自公元前3世纪阿育王弘传佛法起，佛教逐渐传入印度西北地区、大夏、安息，进而沿着"丝绸之路"向西域各国传播，在传入中国内地前，

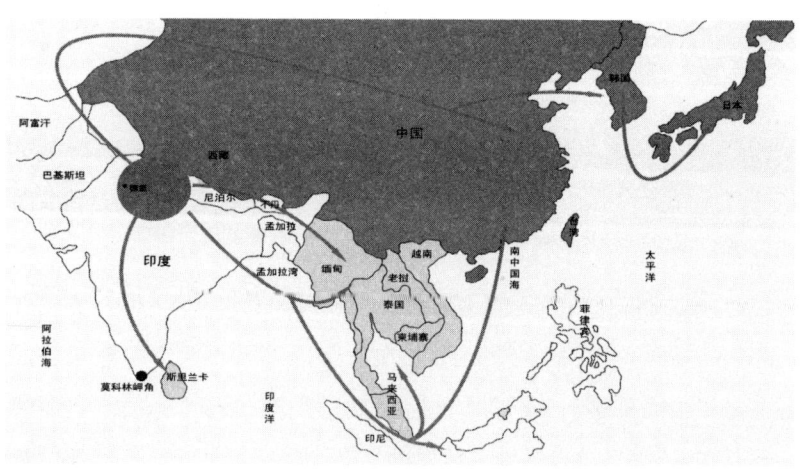

佛教东传路线图
佛教传入中国，主要有三条线路：一是通过西域传入中土；二是通过水路传至中土；三是直接传至西藏地区，形成藏传佛教

佛教已在西域广泛流传。

公元前 2 年，大月氏王使臣伊存向景卢口授佛经，是为佛教传入汉地之始，此即意味着中国居士佛教的第一页从此翻开，跟随着历史的陆续翻开，我们来看看历史上几位著名的学者居士：南朝的傅翕，唐代的王维、宋代的苏轼、张商英和黄庭坚。

傅翕

傅翕（497～569 年），世称傅大士，字玄风，号善慧，人称傅大士或善慧大士，浙江省义乌人。

据说傅翕在青年时，有一次在河边捕鱼，遇见了一位天竺僧嵩头陀，嵩头陀对他说："我过去与你在毗婆尸佛前，同时发愿度化众生，

傅大士木像
藏于日本京都清凉寺的傅大士木像，两胁士为普建童子和普成童子

现今兜率陀天宫你所用的东西还在，你什么时候回去？"于是傅翕明白了自己前世今生的因缘，从此开始发心，苦行了 7 年。

一次，傅翕在静修时，见到释迦、金粟、定光三佛来自东方，普放光明如日丽天，金光自天而下，披在他身上，同时听到空中有声："成道之日，当代释迦坐道场。"此后他身上常自发出微妙香味。当时傅翕居住在云黄山，在山上栽了两棵树，于是就命名为"双林"，自称"双林树下当来解脱善慧大士"。

大同元年（535 年）的一日，崇信佛教的梁武帝到华林园重灵殿

河北正定隆兴寺的"轮藏"

"轮藏"是一种可以转动的书架，内置佛经，就是可以转动的藏经阁

韩国寺庙中的"轮藏"

随着佛教的传播，"轮藏"也被传播到了中土之外。可见居士对佛教的传播，也有着积极的作用

为大众讲三慧般若经，他特地为傅翕设席，当梁武帝升殿说法时，公卿大夫皆起立致敬，唯有傅翕端坐不动，大夫刘中丞问他为何如此，他说："法地若动，一切不安。"由此可见傅翕的超凡行持。

又过了4年，有一次，梁武帝请宝志禅师讲《金刚经》，宝志禅师便推荐傅翕去讲。傅翕才一升座，以尺子往空中一挥，便即下座，梁武帝很惊愕，不明其中深意，宝志禅师只好告知梁武帝，傅翕的说法已经完毕。

傅翕在世时，因为佛经繁多，担心人们不能遍阅，于是在山中建了一层龛，中间一柱，周圈有八面，把佛经都放进去，可以运转着看，称为"轮藏"。傅大士认为：无阅读能力者，只要心诚，手推"轮藏"一转，也能取得功德。后世不少寺庙建轮藏和设大士像，即源于此。

傅翕的著述中，有一首著名的哲理诗《心王铭》，把佛教的彼岸世界和世间的此岸世界统一起来，提出了"离心非佛，离佛非心"、"心即是佛"、"除此心王，更无别佛"等说法，表现了佛教中国化、世俗化的倾向。此外，他还留下了许多广泛流传的偈颂，如："空手把锄头，步行骑水牛。人从桥上走，桥流水不流。"

太建元年（569年）四月，傅翕告诉其子普建、普成："我从第四天来，为度众生故，汝等要慎护三业，精进六度，行忏悔法，免堕三恶道。"至二十四日，傅翕入灭，享年73岁。

王维

王维（701～761年），字摩诘，山西祁县人，后世称之为"诗佛"。王维出生时，他的母亲崔氏梦见维摩诘走入室内，故为儿子取字名"摩诘"。维摩诘是佛教中一个在家的大乘佛教居士，是著名的在家菩萨，意译为以洁净、没有染污而著称的人，可见王维出生时已与佛教结下了不解之缘。

王维像
王维，唐朝诗人，开元九年（721年）进士，任太乐丞；今存诗400余首。王维精通佛学，特别是受禅宗影响很大

王维在《请施庄为寺表》中写道："亡母故博陵县君崔氏，师事大照禅师三十余年，褐衣蔬食，持戒安禅，乐住山林，志求寂静。"可见，王维从小就受到了母亲的熏陶而信奉佛教，他曾特地为母亲营造山舍作为奉佛之所，母亲去世后又把山舍施给了寺庙，为母亲祈祷冥福。

王维一生习禅，曾"十年座下，俯伏受教"于道光禅师。他在居京师期间，常与禅僧相交游，且"日饭十数名僧，以玄谈为乐"。饭僧在唐代许多士大夫的日常生活中很流行，僧人来后主人便梵香念偈，热情款待，在僧人临走时，往往还要施舍一些财物。每有僧远来，王维总要洒扫庭院，远相迎候。他曾描述自己家中一无所有："唯茶铛药臼，经案绳床而已。"王维奉持"五戒"，日常服食不茹荤血，不衣文采；中年丧妻后，也不立继室。

安史之乱中，王维被安禄山所获，企图自杀未遂，不得已供职贼军。朝廷平乱后，论其过失欲治其罪。当时其弟王缙任刑部侍郎，主动为兄长申辩，并愿代兄受罪。唐代宗以其兄弟友悌之情，从轻处罚。后来王维官至尚书右丞，故人称"王右丞"。

王维的晚年过着僧侣般的生活，据《旧唐书》记载："在京师，长斋，不衣文俯伏受教，欲以毫末度量虚空，无有是处，志其舍利所在而已。"王维隐退之后，梵香独坐，以禅诵为事，有时则与友人裴迪等往来山寺，或弹琴咏诗，或与山僧共话，乐而忘返，俨然是一位僧侣。

王维生前，就被认为是"当代诗匠，又精禅理"，去世后其更是得到了"诗佛"的称号。他的许多诗歌中，充满了佛教的禅机理趣，读来有一种清新妙悟之感。如"木末芙蓉花，山中发红萼。涧户寂无人，纷纷开且落"，"人闲桂花落，夜静春山空。月出惊山鸟，时鸣春涧中"，"空山不见人，但闻人语响。返景入深林，复照青苔上"，等等，读之令人身世两忘，万念俱寂。

苏轼

苏轼（1037~1101年），字子瞻，又字和仲，号东坡居士，四川眉山人。

苏轼立像

纸本，水墨，纵27.2厘米，横11.1厘米，元朝赵孟頫绘，现藏于台北"故宫博物院"。苏轼是北宋时期的文学家、书画家，其在文章、诗词、书法、绘画等方面都有建树，堪称文学艺术方面的全才

苏轼的家庭受佛教的影响很深。其家乡眉山离峨眉不远，而川蜀自唐以来佛教就很发达。父亲苏洵与蜀地云门宗圆通居讷和宝月惟简禅师时相往来，母亲笃信佛教，弟弟苏辙也是位虔诚的佛教徒。

嘉祐六年（1061年），23岁的苏轼任陕西凤翔签判，在那里，他随同僚王大年习佛，开始接触佛教。宋神宗在位时，苏轼请调出任杭州通判，杭州自吴越以来便是佛教兴盛之地，高僧云集。苏轼在此结交了许多有素养的大德法师，杭州名僧与他有交往者十有八九。

元丰二年（1079年），苏轼在湖州任上因"乌台诗案"获罪入狱，次年再被贬谪至黄州做团练副史。在黄州的东坡上，他建了一间房子自住，自己也取号为"东坡居士"。闲暇时苏轼常游览佛寺，拜访高僧，请教佛理，他跟佛印禅师的友情就是从这个时期开始的。

据说，苏东坡有一次诗兴大发，做了一首赞佛的诗："稽首天中天，毫光照大千。八风吹不动，端坐紫金莲。"他写了这首诗后，觉得非常满意。于是叫人送去归宗寺给佛印禅师看。佛印禅师读后，只批了"放屁"两字让人带回了黄州。苏轼一见"放屁"二字，无明业火三千丈，马上过江评理，当来到归宗寺门口时，却见门上贴着："八风吹不动，一屁过江来。"苏轼看到这两句立刻大笑，对佛印禅师心悦诚服。

苏轼一生虽被贬多次，但信佛学禅的他始终以平静、乐观和旷达的心态对待之，荣辱得失、穷达祸福的交替更迭，使苏轼更加体悟到个体生命之虚幻与无常，反过来也成就了他精神上的平衡与解脱。

据说，苏轼的前世是一位名叫五戒的和尚。苏轼曾说，自己在八九岁时，曾经梦到前世是位僧人，往来陕右之间。苏轼母亲刚怀孕时，也曾梦到一僧人来托宿，风姿挺秀，唯有一只眼睛失明。这与五戒和尚无异，因此苏轼曾作过多首诗表达自己对人生前世的感悟。

"灵峰山上宝陀寺，白发东坡又到来。前世德云今我是，依稀犹记妙高台。"（《题灵峰寺壁》）"我本修行人，三世积精炼。中间一念失，受此百年谴。"（《南华寺》）

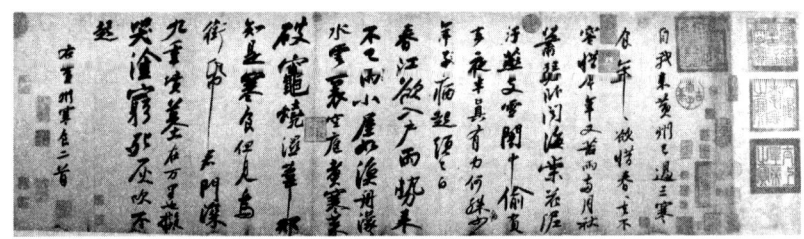

苏轼《寒食帖》
墨迹素笺本，横34.2厘米，纵18.9厘米，行书17行，共129字，现藏于台北"故宫博物院"

元符三年（1100年），苏轼回到常州后不久即病逝，享年65岁。

张商英

张商英（1043～1121年），字天觉，号无尽居士，四川新津人，北宋著名的学者与政治家。

张商英自幼聪颖，治平二年（1065年）他考中进士，初任通川县主簿；神宗熙宁四年（1071年），权检正中书礼房公事；神宗熙宁五年（1072年）迁为监察御史，追随王安石变法。

早年的张商英不信奉佛法，一次他到庙中，见所藏的《大藏经》庄严殊胜，远超对儒家典籍的恭敬，不由得心中不平，便打算写一篇《无佛论》来贬斥佛法，不料到了半夜还无头绪，被夫人向氏一劝只得暂且作罢。不久，一日访友时，张商英见佛龛上放着一本《维摩诘经》，就随手拿来翻阅，愈读愈觉高深，这才深知自己以前的无知，从此张商英开始深信佛法，发愿曰"尽形寿弘扬佛法"，写下了《护法论》一文。

宋哲宗元祐三年（1088年），张商英奉旨到五台山祈雨，亲睹圣灯瑞相，又因祈雨遂愿，由此对佛法大生信心，从此自称"无尽居士"。

张商英信佛后，曾在禅宗门下穷参力究。在他任职江西运使的时候，一次被兜率寺从悦禅师的问题所疑，半夜睡不安稳，下床时不慎打翻尿桶，忽然大悟，因而作颂："鼓寂钟沉托钵回，岩头一掷语如雷。果然只得三年活，莫是遭他授记来？"从此对从悦禅师以师礼待之。

虽然张商英在禅宗门下有很深的修为，但他却选择了念佛往生。他曾有净土发愿文云："思此世界，五浊乱心，无正观力，无了因力。自性唯心，不能悟达。谨遵释迦金口之教，专念阿弥陀佛，求彼世尊愿力摄受,待报满时,往生极乐,如顺水行舟,不劳自力而至矣。"一心专念阿弥陀佛,待到临终求佛力接引往生极乐世界。

宣和三年(1121年)十一月,张商英于临终前作了一首偈子:"幻质朝章八十一,沤生沤灭谁人识?撞破虚空归去来,铁牛入海无消息。"作完把枕头朝门窗上用力一掷,声如响雷霹雳,众人回头再看他时已经往生,享年80岁。

黄庭坚

黄庭坚(1045～1105年),字鲁直,自号山谷道人,晚号涪翁,北宋江西修水人。北宋著名的诗文家、书法家,早年以文章诗词受知于苏轼,与张耒、晁补之、秦观并称"苏门四学士"。

黄庭坚7岁时就曾经写过一首很有哲理味道的七绝:"骑牛远远

黄庭坚像
北宋与苏轼齐名的诗人、居士,他与张耒、晁补之、秦观三人游学于苏轼门下,被称为"苏门四学士"

过前村,吹笛风斜隔岸闻。多少长安名利客,机关用尽不如君。"他少年时期父亲就已去世,依靠舅父游学于淮南。

北宋时江西的禅宗极盛,文人士子多喜爱参禅,黄庭坚也不例外,他常与黄龙山临济宗的禅师们相往来,被定为黄龙祖心住持之法嗣,所以禅宗灯录把黄庭坚列在黄龙一派之内。

一次,晦堂祖心禅师问黄庭坚说:"'二三子以我为隐乎?吾无隐乎尔。'你是怎么理解的?"黄庭坚刚想要回答,晦堂祖心禅师却说:"不是!不是!"弄得黄庭坚一时迷惑。一天,黄庭坚与晦堂祖心禅师一道上山行走。时值丹桂飘香,晦堂祖心禅师便点悟黄庭坚:"你闻到桂花香了吗?"黄庭坚回答说:"闻到了。"禅师说:"我对你可有什么隐藏吗?"黄庭坚顿时茅塞顿开,马上拜谢晦堂祖心禅师。

在晦堂祖心禅师座下得悟后,黄庭坚一直以居士而自居,他在40岁时曾写下了一篇《发愿文》:"今日对佛发大誓,愿从今日尽未来也,不复淫欲、饮酒、食肉。设复为之,当堕地狱,为一切众生代受头苦。"

作为一位"似僧有发,似俗无尘,作梦中梦,见身外身"的诗人,他以禅入诗,寓禅理禅趣于诗中,如有名的《凌云一笑见桃花》:

凌云一笑见桃花,三十年来不到家。

从此春风春雨后,乱随流水到天涯。

黄庭坚的禅诗中多有超凡脱俗之句,如"未到江南先一笑,岳阳楼上对君山","观山观水皆得妙,更将何物污灵台",所以后人说"诗到江西别有禅"。

黄庭坚自考中进士步入官场,宦海沉浮了30多年,直至59岁那年,在一再遭贬后,被朝廷除名,羁管于宜州;第二年即崇宁四年

（1105年），黄庭坚酒后遭雨患疾而旋逝，4年后归葬于江西修水。

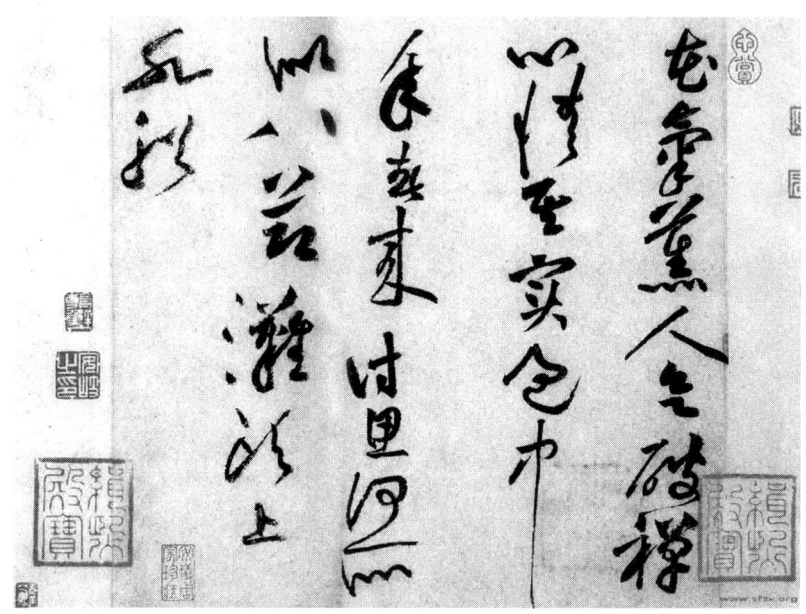

黄庭坚《诸上座帖》（局部）

纸本，草书，纵33厘米，横729.5厘米，共92行。这是黄庭坚为友人李任道所抄录的五代僧人文益的《文益禅师语录》，全文均为佛教禅语。现藏于故宫博物院

二 近代居士佛教的兴起

鸦片战争以来，中国社会出现了前所未有的危机，首先面对的是伴随工业文明成长起来的西方列强的外部侵逼，这些列强以野蛮的军事手段，轰开了中国禁闭300年的大门。随着一系列不平等条约的签订，中国被挟持着走上近代化的列车。

除了外来枪炮威慑带来的改变，久而未变的中国内部也出现了一种反思的声音。反思，本质上是被钳制多年麻木后的感知觉醒，从"师夷长技以制夷"到"以复古为解放"，其动机及其内容，"皆与欧洲之'文艺复兴'绝相类"，进而引起了一系列近代社会的动荡乃至最终的变革。

1. 居士佛教兴起的背景

在近代内外双变格局下的佛教界是一副什么样的图景呢？

自晚明佛教改革或者复兴之后，佛教本身的发展便江河日下。清政府没有沿用明代试经度僧（以考试取得僧籍）的做法，自乾隆三十九年（1774年）起，延续1000多年的汉传佛教度牒制度被完全废除，这导致了清代佛教更加衰败和萎靡不振。

杨文会居士曾对此指出："盖自试经之例停，传戒之禁弛，以致释氏之徒，无论贤愚，概得度牒。于经、律、论毫无所知，居然作方丈开期传戒。与之谈论，庸俗不堪，士大夫从而鄙之。西来的旨，无处问津矣。"

印光法师也曾说过：废除度牒导致了佛法的式微，从乾隆之后，贤哲渐少，加上战祸兵燹，一些低素质的人混入佛门，自己尚不知佛法，更遑论传教弟子修行了。自此一代不如一代，当下的僧人虽然不少，识字的不到十分之一，怎么能冀望由这些人来担当弘法重任、普度众生呢？

可见当时佛门中鱼目混珠，僧人素质低下，出家的人少了必要的素质，而以经忏、超度、放焰口为业的和尚成为僧人的主体，整天忙于积财争业，使得佛教界乌烟瘴气。

近代佛教式微除了内部的原因外，在外部更首先遭到了太平天国运动的打击，使其"在东南一带几成绝响"。太平军本身作为一个借宗教起家的政治军事集团，却狂热地反对佛教偶像崇拜，对佛、道等传统文化采取彻底的排斥态度，使大量的寺庙遭受毁坏，与历史上的宗教极端势力者相比有过之而无不及；其次，辛亥光复之后的国内舆情与几次革命，也将佛教作为重要破除对象，毁拆寺庙、庙产兴学等运动，使已遭受打击的佛教雪上加霜，趋于极度衰弱的境地。

衰败，同时也意味着机会的来临。正如"环境进化论"所研究发现的那样：经历山火后的山林植被较之以前将更加茂盛繁旺。无论是内部的衰败，还是外部的打击，作为佛教自身发展的一种诱因，反而促使了佛事宗教活动、佛学义理研究的再度兴起，这便是肇始于晚清的居士佛教的异军突起。

20世纪初，刚刚做完法事的僧人
很多僧人不以自修度人为业，而靠经忏、超度、放焰口谋生，僧人几乎成了一种职业

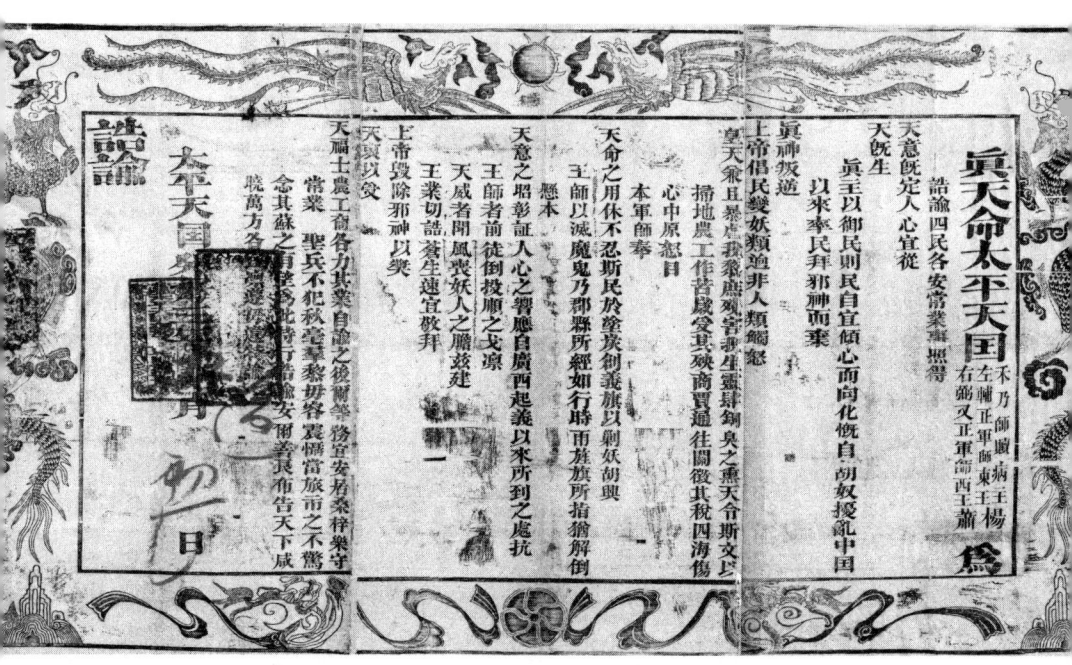

《真天命太平天国诰谕》

太平天国左辅正军师东王杨秀清等人在1853年5月1日致四民各安常业诰谕书。其中明确要求人们只能信奉拜上帝教

2．居士弘法与佛教复兴运动

晚清以来，出现了一大批有思想、有能力并且积极复兴佛教的人物，他们之中既有高僧，也有居士。这些人物通过多方面、多层次的努力推动，使得衰亡边缘的佛教获得一定程度上的复兴。他们或致力于佛教文化事业，创办刻经处，刊印传播佛教经典；或建立佛学院，培养新一代佛教人才；或发行佛学刊物，宣传佛教思想；或举办讲经活动，成立慈善机构，扩大了佛教在民众中的影响。

在这场复兴运动中，居士在佛教教团中的地位持续上升，居士佛教也成为了近代佛教发展的一个显著特点。一些杰出居士学者的努力是佛教生机渐复的重要因素，他们之中较早的"启蒙式"人物可追溯到彭绍升、龚自珍、魏源等人。

彭绍升（1740～1796年），号尺木居士，又号知归子，法名际清。他学识渊博，精通陆王心学，信奉净土法门，曾建念佛道场，设放生会，节校《无量寿经》，著有《华严念佛三昧论》、《净土圣贤录》等多种弘扬净土信仰的著作。龚自珍对他推崇有加，曾作有《知归子赞》，赞之"震旦之学于佛者，未有全于知归子者也"，认为彭绍升是"大菩萨度世示现"。

彭绍升有位学者弟子江沅（1767～1838年），号问桥居士，精通经史与音韵，曾著有相关佛学的《入佛问答》一书，此书"唯天姿高、宿根深者，方堪担荷"。江沅也有一位学者弟子，便是大名鼎鼎的龚自珍（1792～1841年），龚自珍称江沅为他的"学佛第一导师"。作为清代著名的思想家、文学家及改良主义的先驱，龚自珍自小就结下佛缘："予幼信转轮，长窥大乘。"耳濡目染佛法的他，于29岁时正式起信学佛，虔信精修。并在46岁那年"九月二十三日夜……忽证法华三昧"。龚自珍以乾嘉考据学为方法基础，以实事求是的理性态度，考订佛经翻译，重定了《妙法莲华经》。

魏源（1794～1857年），也是晚清著名的思想家、史学家，他积极提倡经世致用之学，早年研修禅宗，以佛法求经世，把大乘佛学与对个体关怀、社会使命统一起来，后会通诸宗，专修净土，弃世绝俗，并受持菩萨戒。魏源还会译《无量寿经》，编定了《净土四经》。

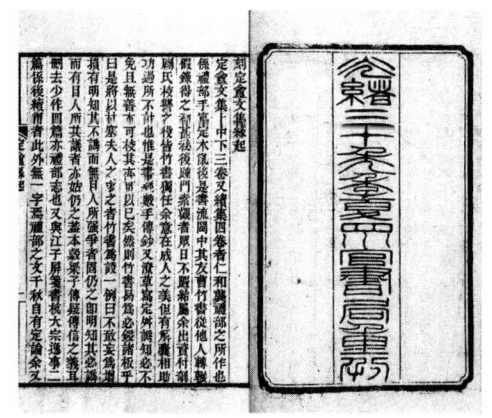

《定盦文集》
龚自珍的诗词文论等著作被后人刊刻在《定盦文集》及《续集》《补编》中，广泛流传，对近代思想、学术等领域产生了深远的影响

魏源像
魏源,近代著名的启蒙思想家、政治家,他自小聪颖,据说因沉湎于书籍而懒于出门,以至于落下了个"狗不识"的评名

可以说后世谭嗣同、梁启超等人从佛学中汲取治学思想养料的方式,与龚、魏的影响不无关系。

彭绍升、龚自珍、魏源等人的佛学研究活动如一首前奏引子,引出了近代史上佛学复兴这首气势磅礴的乐章。

龚自珍、魏源之后的最重要的人物便是有着"佛教复兴之父"之称的杨文会、欧阳渐和吕澂,他们师徒三代将佛学研究推陈发扬,从杨文会的北极阁刻经到吕澂的《大藏经目录修订》,学术活动正好横跨了100年。

此外,进行居士佛教教育、学术研究活动的还有:丁福保创办书局出版入门佛书典籍,编辑佛学辞典;狄楚青创办《佛学丛报》;江味农与蒋维乔、徐蔚如等人创立北京刻经处、天津刻经处;韩清净和朱芾煌在北京组建法相研究会(三时学会),率众精研唯识;范古农

龚自珍印鉴龚氏自珍
龚自珍的报国之心,终归于青灯古卷,正如其《乙亥杂诗》末篇所写:"吟罢江山气不灵,万千种话一灯青。忽然搁笔无言说,重礼天台七卷经。"

主笔《佛学月报》,编辑《海潮音文库》《佛学百科丛书》书刊;以及各地各种以讲经形式为主的佛教培训班和居士学校等。

可以说,晚清近代以来居士佛教的兴起,极大地影响了中国社会,近代的知识分子大多数试图从佛教中汲取精神营养,用以沟通东西方文化,为重建中华民族的主体信仰寻找理论支点。清末民初的思想家们,很少有不受佛学影响者。

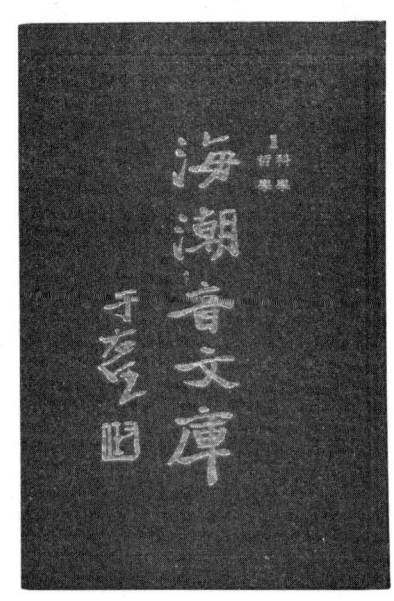

太虚大师审定,范古农校订的《海潮音文库》
太虚大师创办的《海潮音》是当时影响最大的佛教刊物。1930年,范古农将《海潮音》的十年文章分门别类辑成了这套《海潮音文库》

三 近代弘法居士与研究学者

在近代涌现的这一大批热心于佛教佛学的居士中，既有积极一心从事于佛学研究的知识分子，如杨文会、欧阳渐、范古农、韩清净、吕澂、王恩洋等人；也有在职余或从事佛事活动，或阐述佛学义理，或宣讲佛法教化的社会贤达，如谭嗣同、施省之、王一亭、蒋维乔、丁福保、朱芾煌、苏曼殊、夏丏尊、丰子恺等人；除此之外，还有很多热心护法的政界军界显要，如程德全、熊希龄、梅光羲、朱庆澜、叶恭绰、李子宽、唐继尧、陈铭枢等人，他们以其政务职权与社会声望，或保护佛教文化与权益，或资助振兴佛教发展，为佛教复兴这幅时代杰作留下了不可或缺的浓彩之笔。

1. 弘法居士

杨文会

同治初年的一天,杭州西子湖边的书摊上,伫立着一位满怀心思的青年人,他聚精会神地翻阅着一本《大乘起信论》,看着看着转眼半日过去了,几经摊主的催促,他才把注意力从书中转出来。这位年轻人半日的一读,从此投身于佛教,耗费了近50年的生命时光,读出了一位致力于振兴佛法气象的大居士——杨文会。

长于乱世　初结佛缘

杨文会(1837~1911年),字仁山,安徽石台人。他出生于一个仕宦书香之家,在出生后的第二年,他的父亲杨朴庵考中了进士,与后来的中兴名臣曾国藩是同科中榜。于是,杨

杨文会像
杨文会首开近代佛教的复兴之风,"近代佛教复兴之父"的称誉他当之无愧,他的生平贡献直接影响了近百年的佛学发展格局

朴庵一家便迁居北京，杨文会在北方度过了9年的童蒙时光后，方才回到南方。

少年时的杨文会天资聪颖，长于诗词文赋，但对功名利禄却毫不热衷，他把心思都放在了读书上。兴趣驳杂的杨文会对天文、地理、历法、道家、兵法、音韵等各方面的知识，都全心地投入其中；与活泼好动的同学少年一样，他还经常学习骑射功夫。到了青年时代，恰逢上了太平天国运动，于是杨文会帮助当地武装进行组织自保，还亲自与太平军打仗。随着太平军攻占了安庆、芜湖、南京，他们一家只好辗转避乱于江浙一带，过起颠沛流离的生活。

杨文会在25岁时，有一位老尼送了他一本《金刚经》，这是他与佛法结缘之始。3年后父亲去世，杨文会因忙碌操劳身心憔悴，又时值疫病流行，不幸生了一场大病。他在病后连读了数遍《楞严经》，感觉经中所论与自己平日所思竟是那么契合。于是，他又找来了《维摩诘经》等经本，开始专心研习起来，至此，杨文会虽身在俗世里，心却走进了佛门中。

搜集佛典　发心刊刻

1866年，杨文会移居到南京后，认识了一批佛学同好，他们共同感叹这末法时期，众多佛经典籍历经天灾兵燹，早已散失零落不全，最好的弘法方式是先刻印佛经，让这些佛典重新流布世间教化世人。于是杨文会伙同大家发心开始刻印佛经。

刻经首先要有底本，但清末民初佛教衰微，历经战乱，佛经损毁殆尽，很多普通的经本都难以找到。杨文会四处寻访搜集各类佛经，足迹遍至苏、浙、湘、皖、京等地。1878年，他随曾国藩之子曾纪泽出访英法，结交了日本僧人南条文雄。通过南条和自己妻弟苏少坡的关系，杨文会从日本购得了已经散佚的经论典籍三百多种，数千余册。对于这些费尽苦心搜集来的典籍底本，杨文会仔细阅读校勘，精选刻印。为了弘扬刻经事业，他更把延龄巷的私宅捐给了"金陵刻经处"，作为永久的流通经典场所。

金陵刻经处
没有这座金陵刻经处，就很难说有后来的祇洹精舍、支那内学院，继而谭嗣同、太虚、欧阳渐、梁启超、吕澂这些人物的命运又会是怎样

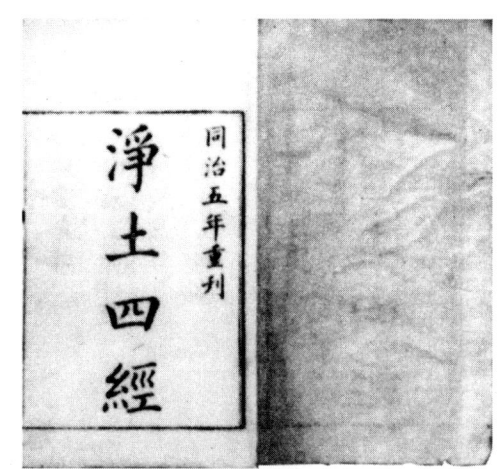

经文刻本
"金陵刻经处"所刻的《心经金刚经》《六祖坛经》等经本,"金陵刻经处"的"经版处"内现藏有经版 125318 片

"金陵刻经处"在其创办后的 40 余年间,共刻印了经本典籍 2000 余卷,流通经书 100 余万卷,佛像 10 余万幅,对近代佛教的传播和复兴,产生了极其深远的影响。

创立精舍 提掖后学

众多的佛经典籍刻印流通于世了,但杨文会还深感佛学人才的不足。1895 年,他结识了锡兰人达磨波罗。二人商议由杨文会培养一批学僧并习梵文来帮助达磨波罗振兴印度佛教。终于在 1908 年,72 岁的杨文会于"金陵刻经处"中创办起了"祇洹精舍",首批入学僧俗共有 20 余人。谛闲、苏曼殊在这里任教,年轻的太虚也曾在这里接受了半年左右的教育。

在杨文会的培养和影响下,出现了一大批著名的佛学家和思想家——"唯居士之规模弘广,故门下多材:谭嗣同善华严,桂柏华善密宗，黎端甫善三论，而唯识法相之学有章太炎、孙少侯、梅撷芸、李证刚、蒯若木、欧阳渐等，亦云伙矣。"如梁启超在《清代学术概论》中所说："……晚清所谓新学家，殆无一不与佛学有关系，而凡有真信仰者，率皈依文会。"

1911年的秋天，75岁的杨文会因年老体病而离世。仅隔两日，武昌起义爆发，他没能看到为之悲悯的苦难中国又一次的新变革。

杨文会的一生对搜集整理佛教文化遗产、振兴近代佛学研究、促进佛学人才乃至思想家的培养，意义深远，贡献极大——正如弟子欧阳渐所赞："……伣伣伈伈以迄清末，居士出而宗风畅。呜呼！岂偶然哉！"

《杨仁山居士遗著》
白棉纸线装木刻本，金陵刻经处在民国8年（1919年）木板印刷

小知识◎杨文会的学佛因缘

关于杨文会的学佛有种说法，或与他的感情经历有关：杨文会的妻子因年幼出了天花而脸上留有疤痕，但因为订婚在前，他虽不肯毁弃婚约，但心里总会感到有些遗憾。后来全家于杭州避难时，杨文会爱慕上了一位擅长诗词的邻家女子。按当时民俗，本来是可以娶她为"并妻"的，只因夫人生了儿子，母亲又出面干涉，只允许纳妾而不能娶并妻。然而那位姑娘也是出身书香人家，兄长又做官，故不肯为妾。这对有情人终未成眷属，于是就有了杨文会灰心人生而虔心向佛一说。

谭嗣同

在晚清历史上，维新志士谭嗣同作为世人所熟知的"戊戌六君子"之一，除了是一位维新思想家外，他还是一位委心于佛法的居士，他在生命的最后几年，以一份悲天悯人的情怀，期望将佛教中刚健雄猛的精神赋予对社会的变革，体现了大乘佛法的一种责任与承担精神。

志高路远　得益师友

谭嗣同（1865～1898年），字复生，号壮飞，又号华相众生、东海褰冥氏、廖天一阁主等，湖南浏阳人。谭嗣同之所以字"复生"，是因为12岁那年，家庭突遭变故，母亲、长兄与二姊3个人，在5天之内相继死于瘟疫。他自己也是昏死3日后而复生，于是父亲谭继洵便给他取字为复生。

谭嗣同自幼聪颖,少年时代读书务求广博,好讲经世济民之学,其后又接触算学、格致等自然科学。青年的谭嗣同喜欢游历,他曾孤身一人壮游西北十几个省,开阔了视野,也接触了世风民情。

1896年的春天,32岁的谭嗣同在京城结识了吴雁舟、夏曾佑、吴季清等人。吴、夏等人为一代佛学名宿,在与他们的交往中,谭嗣同逐渐倾心于佛学,并开始持咒念佛并修习禅定。在北京的这段时光里,佛学对谭嗣同思想的影响与日俱增。

谭嗣同像

谭嗣同除了是一位维新派思想家外,还习武学剑、仗义任侠,青年时代就有着"剑胆琴心"的雅号

时隔不久,父亲谭继洵为他捐了知府,让其来到南京等候补缺。谭嗣同到南京不久,结识了著名的居士杨文会,便开始师从杨文会学佛。他以宏愿精进之心后来居上,从杨文会学佛总计才有一年之多,然而却能够遍览三藏,尤其对法相、华严二宗最有心得。欧阳渐在回忆业师杨文会的文章中,所列举的同门大成就者,首推便是谭嗣同。

临劫之悲　仁心仁学

从业于杨文会后,在一封给恩师欧阳中鹄的信中,谭嗣同写道:"于是重发大愿,昼夜精持佛咒,不少间断:一愿老亲康健,家人平安;二愿师友平安;三知大劫将临,愿众生咸免杀戮死亡。"所谓的"大劫将临"——离他慷慨赴义仅剩两年。或许这一时候,谭嗣同已预感到社会的大劫与人生的命劫都已将至,所以在南京这个阶段,他经常废寝忘食地忙于著述。梁启超在《仁学·序》中写道:"每共居,则促膝对坐一榻中，往复上下，穷天人之奥，或彻夜废寝食，论不休。每十日不相见，则论事论学之书盈一箧。"

谭嗣同日夜所忙碌的，正是他一生最重要的学术著作《仁学》。从墨子的"兼爱"到佛陀的"众生平等"，谭嗣同决心来改变佛教在人心中出世、消极、与社会脱离的形象，以完成社会的大改造。他以佛学为本，演绎出糅杂儒佛于一体的"仁学"义理思想，《仁学》博采儒、佛、道、墨改革之长，融合西方民主、自由、人权等变革之道，以佛学贯穿起来，以"酌取西法，以补吾中国古法之亡"的口号，提出将佛法精神贯注到现实社会中去，借此拯救衰世。

谭嗣同著作《仁学》
在《仁学》中，谭嗣同以佛教哲学为理论框架，糅合了中国传统与西方学术，来表达自己的主张

以死殉法　光被千秋

谭嗣同生命中最后一年的事情已为世人所熟知了。

1898年之初，他受陈宝箴的邀请，回到湖南协办新政，随后与熊希龄共创《湘报》并任主笔。作为南学会的机关报，他们公开提出了废科举、兴学校、开矿藏、修铁路、办工厂、改官制等变法维新主张。不久，谭嗣同被光绪皇帝诏授四品卿衔，开始参与新政。9月21日，变法失败；4天后，谭嗣同在"莽苍苍斋"被捕；又4天后，年仅34岁的他以死殉志。

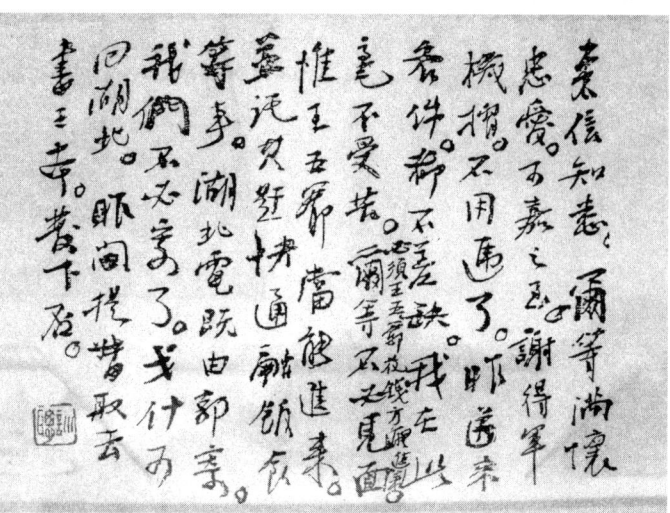

谭嗣同狱中遗书（复制品）
为了实现自己的主张、理想，谭嗣同献出了自己宝贵的生命

在谭嗣同决意维新、被召进京前后，他时刻没有忘了自己的导师杨文会。在其生命最后那一年的正月，谭嗣同返回湖南，他临行时将自己的一套红檀木家具赠送给了杨文会，以谢师恩。7月，谭嗣同入京任军机章京后，特地从北京寄来报单贴在居士家大门口，末署"受业晚生谭嗣同"，以示荣宠未忘师恩。当他为维新变法捐躯后，杨文会之子杨自新从天津悄悄赶到北京，参与了对谭嗣同后事的处理。

1899年，谭嗣同的遗骸被运回原籍，葬在湖南浏阳城外石山下。后人在墓前的华表上写下了这样的挽联：

亘古不磨，片石苍茫立天地；一峦挺秀，群山奔赴若波涛。

施省之

随着近代民族工商业的崛起,也出现了一批上流社会阶层的居士。他们社会交际活动能力较强,与政界、商界联系紧密。这些贤达当中就有一位乐善好施的居士:施省之,他曾先后担任上海佛教净业社的社长和世界佛教居士林的林长,为弘法活动贡献了大量钱财与心力。

济世家风　泽及天下

施省之(1866～1945年),又名施肇曾,字鹿㴆,号省之,法名智照,江苏吴江人。施氏祖上自浙江余杭迁居到吴江的震泽,以经营丝绸而发家。施省之早年就学于上海圣约翰书院,又曾到上海电报学校专修过英语兼时事。

青年时期的施省之,在伯父施少卿的熏陶下,承袭着慈善济世的家风,多次奔赴直隶、晋边等地投入赈灾事务,他因办赈出力先后被朝廷授予同知县、四品知县、二品道员等衔。

1893年,施省之被任命为驻美使署随员兼支应跟随公使杨儒赴美,在美国待了4年。回国后,作为盛宣怀交通系的一员,施省之陆续在交通、金融、实业界任职几十年,取得了很大的事业成功。

"达则兼济天下",在实业上取得成就的施肇曾急功近义,兴办慈善,为扶贫济困而不遗余力。他曾参与筹建创办北京中央医院,在家乡震泽创办吴江私立震属初级中学,还在上海出资创办育英中学和附属育英小学,吸引安排了震泽中学大部分失业的教职员工到沪任教。

退隐于市　皈依印光

1922年，或许是半生乐施好善的因缘，退职后的施省之开始虔心信佛，与沪上佛教名流居士往来，讨论佛学及弘法事业。

施省之在上海寓居的地方名叫"觉园"，即上海佛教净业社的社址所在。原先南海烟草公司的简氏兄弟虔诚念佛，在自家花园"南园"中设立有佛堂，是社友们的聚会念佛之所，后将其"南园"的部分建筑舍给了成立的净业社，取《法华玄赞》中"毕离苦津，终登觉岸"之意，改称为"觉园"。净业社里不设社长，施省之作为九名董事之一，被公推为净业社的董事长。

施省之像

在从政的同时，施省之也投身于金融和实业。他曾创办过北京新亨银行、上海永亨银行和吴江震泽缫丝厂

上海佛教净业社的宗旨是："集合在家善信，皈依佛教，专修念佛法门，兼修教典，广行善举。"作为董事长的施省之对净业社的弘法事业十分热心，他捐资在觉园内建造"智照堂"一座，作为社友修净之所。净业社经常邀请高僧大德来社宣讲经典，谛闲、印光法师来此开示；静修、兴慈、月禅法师等在此讲经；普陀山客师领众念佛、建佛七道场；每逢佛、菩萨诞辰日，则举办放生活动。

施省之也止是借净业社皈依了印光法师，取法名智照，开始持修净土法门。第二年，他与其他佛教人士一起，捐资发起了杭州梵天寺的复建工程。

居士林中　共捍正法

上海佛教净业社成立后不久，上海另一个居士团体世界佛教居士林也于1922年8月正式成立。1924年，施省之被推选为居士林第二届林长，他出任林长后，为推动净业社、居士林两团体业务，不遗余力。

在他的主持推动下，居士林于1926年组织成立了研究唯识学会，聘请太虚为导师；居士林又把宣讲团改名为通俗宣讲团，聘请知名的高僧和居士到林内讲经，既弘扬了佛法，也提高了中下层佛教徒的佛学水平；1927年春，世界佛教居士林还创办了第一义务小学，以教育启发儿童身心，循序升学为宗旨。

在担任林长的同时，施省之又与王一亭、关絅之、冯梦华、闻兰亭、黄涵之等居士，于1926年发起成立了上海佛教维持会。维持会的成立有着它的历史背景：当时国内时有侵夺寺产事件发生，居士们发起的这个组织，为保护佛教的发展而呼吁奔走。第二年，河南、陕西、甘肃三省，毁佛严重，强行封闭佛教寺院，没收寺产，驱逐僧人。施省之与王一亭等人一面呈请政府下令制止暴力行为，一面电请陕、甘、豫驻军首领冯玉祥制止破坏佛教的行动，为捍卫佛教的尊严贡献了一份心力。

小知识◎施省之与无锡国学专修馆

1921年，施省之与陆勤之等人捐款创办了"无锡国学专修馆"，聘请唐文治任馆长。这是一所拥有文学、史学、哲学三个专科的高等学府，学校延请了多位知名学者在此任教，并曾聘请章太炎等大师来校讲学。

无锡国学专修馆的治学态度认真严肃，博采众长，提倡自由探索的创新精神。馆里曾采辑近代诸家注释，刊刻十三经读本,以保存国粹、继承中国文化,校图书馆收藏图书十余万卷,多有元明精本,极有历史价值,惜后毁于抗战兵燹。

王一亭

民初的海上画坛有一位自号"白龙山人"的书画家王一亭,据说有人向他求画时常不付润笔,王一亭自嘲此举为"白弄",故落款写上"白龙山人",实际上他是因祖籍吴兴有座白龙山而遂名。这位画家在近代上海的书画、政治、实业、金融、佛教、慈善、出版、教育等诸多方面多有贡献,堪称一代奇人。

丹青妙手　商界闻人

王一亭像
王一亭居士曾主持及参与创立10多个慈善团体组织,知交吴昌硕在《白龙山人小传》中说:"以慈善事业引为己任,绘图乞赈,夙夜彷徨,不辞劳瘁,于是四方之寒黎得以存活者无算。"

王一亭(1867~1938年),名震,号白龙山人、觉器,浙江吴兴人,出生于上海浦东。他出身贫困,幼年失怙。在外祖母家长大,依靠亲戚的资助在私塾附学。为生计所迫,王一亭少年时就来到慎余钱庄当学徒,还曾在广方言馆学习过外文。

在离王一亭家不远的路上,有一家叫作怡春堂的书画装裱店,自幼喜爱绘画的王一亭曾到这里做过学徒,他的艺术之路也正是从这个书画装裱店起步的。勤奋刻苦的王一亭经人介绍拜海上名家徐小仓为师,又被一代巨擘任伯年所赏识，画艺由此大为长进。

1887年，21岁的王一亭来到了天余号做业务员，由于工作勤勉踏实又善于经营，因此深受东家的赏识，此后逐渐升任成为天余号的经理。在王一亭从商的第20个年头，他以卓著的业绩担任了新成立的日清会社总代理，成为了上海滩三大洋行买办之一。在担任外资企业代理的同时，王一亭又用多年的积蓄大力投资创办十多家企业的民族工商业和金融企业，成为一位民族大资本家。

虽然王一亭将主要精力用于经商，但始终没有放弃绘画创作，他与吴昌硕结为知友，画风深受其影响。他在绘画方面达到了较高的水平，但因其在政商界名声太过显赫，所以画名反为所盖。

光复功臣　全身而退

除商界巨子、丹青妙手的身份之外，王一亭还有一个政治身份：同盟会会员、光复上海的功臣。1905年，同为湖州籍的陈其美来到上海展开反清活动，王一亭与之相识相交，在陈其美的影响下，他也成了一名同盟会会员。

作为社会名流的王一亭，参与同盟会事务，不仅要有舍此一身的胆识，更要有一颗以天下为己任的忧患之心。他先出资50万资助创办《民立报》，宣传鼓动革命；后与人共同组建商团武装，准备军事力量；在辛亥革命爆发的前几个月，同盟会在上海成立分会，王一亭负责会款的收支，参与筹划同盟会在上海起义。

上海光复后，陈其美任命王一亭为都督府的交通与商务部长，筹措所需运转资金，为新政府的运作铺垫了不可或缺的经济基础。

随着辛亥之果落入袁世凯之手，一年半后，因曾积极地参与倒袁运动，并为宋教仁营造陵墓，王一亭被袁世凯下令通缉，但终因他在

陈其美像
上海光复后,推举陈其美为沪军都督。不久,袁世凯窃国引发了"二次革命",随着革命的失败,陈其美被迫流亡日本

工商界的巨大影响,才躲过了一难。

同盟会的分裂、"二次革命"的失败,以及政治掮客的嘴脸,让王一亭对民国的前途感到心灰意冷,不久即退出了政界。

发心奉佛　扶危济困

受母亲的影响,王一亭终生信奉佛教。他在退出政界后,开始每日焚香虔诚礼佛。

1918年,王一亭与施省之、关絅之等同修组织了居士林,被推为副林长。后来王一亭连续三届被推举为世界佛教居士林的林长,在此期间,王一亭与李经纬等人发起创办了"上海佛学书局",这是中国近代规模最大的一所专门编辑、刻印、流通佛学典籍的出版机构。1922年,王一亭还被当选为中国佛教会的会长。

出身贫寒、靠自立奋斗和贤者资助而有所成就的生活经历,使王一亭坚执着"得诸社会,还诸社会"的信念。在礼佛兴佛之余,王一亭后半生以极大热忱投身于慈善事业，为百姓解危困。苏浙大旱、黄河大水，王一亭亲赴齐鲁督赈，冒雨奔走，几履险地，还担任上海佛教慈幼院的董事长。

1938年10月，一艘客轮由香港驶往已被日寇占领的上海，船头站立着一位沉思的垂暮老人，海面上起伏的浪涛让他回忆起15年前的往事：也是一艘轮船，搭载着他垫募的6000担白米、2000多包面粉及药品、木炭等救急品最早抵达发生大地震的日本关东，日本人称他为"王菩萨"，而那些他所救济过的人，现在却在自己的国土上烧杀抢掠……

回到故土的次日，王一亭病故于上海的寓所。

小知识◎王一亭与海上画派

海上画派是中国近代美术史上最具影响力的画派，阵容强大，名家众多，他们将传统文人画的笔墨情趣变革成具有时代气息和精神内涵的艺术创造。王一亭是海上画派中一位颇有特色的书画家，在推动海上画派的发展方面有过卓越的贡献。

王一亭早期的画风重墨气骨法，落笔潇洒。花卉粗枝大叶，赋色古艳，草草点染而意趣自足，常在淋漓的墨色中间使用大块的重彩，使画面显得清新典雅。中后期的画风，金石气象浓郁，线条质感劲挺，笔墨厚重华润而凝练强悍。

熊希龄

1892年的一日,湖南沅州知府朱其懿邀请一群新科士子聚会共叙,其间诸人作画助兴。知府但见其中一位新科举人,所画下的竟是一株棉花!再看题字更是大异!"此君一出天下暖。"慧眼识人的朱其懿就把自己同父异母的妹妹朱其慧嫁给了这位心怀济世之意的新科举人——熊希龄。

熊希龄像
对于这位热心于慈善事业的老居士,毛泽东曾评价他:"一个人为人民做好事,人民是不会忘记他的,熊希龄是做过许多好事的。"

一飞冲天　折翅险殒

熊希龄(1870~1937年),字秉三,别号明志阁主人、双清居士,法号妙通。湖南省凤凰人。熊希龄出生于一个军人家庭,幼时天资聪明,勤奋好学。他15岁考中秀才,以19名中举,再中二甲进士,被授翰林院庶吉士,成为名副其实的"熊凤凰"。

就在熊希龄入翰林的那一年,清政府在甲午战争中一败涂地,这让素有以天下为志的熊希龄加入了要求变革自强的维新阵营。第二年,他给总督张之洞上书,强烈要求变法维新。不久熊希龄回到湖南帮助陈宝箴办理新政,是湖南多项新政如时务学堂、湘报馆、南学会等主要负责者。他在1898年的一封信中写过这么一段话:"龄观日本变法,新旧相攻,至于杀人流血,岂得已哉?不如是,则世界终无震动之一日也。龄本草人,生性最戆,不能口舌与争,惟有以性命从事,杀身成仁,何不可为?"从信中可以读出其慷慨激昂、无畏无私的献身精神。

1898年8月,熊希龄因病耽误了进京参与变法的行程,但却逃过了一劫,不过他也受到了"革职永不叙用,并交地方官严加管束"的处分。后来熊希龄回忆这一经历时对人说过:"向非一病,当与六君子同命成七贤矣。"

凤凰再翔　时运违命

维新虽死,仕途未断。5年后,湖南巡抚赵尔巽上奏朝廷,拟令熊希龄助理学务,这条奏折获得了批准,熊希龄再次被清政府起用。1905年,折翅复飞的"熊凤凰"经由两湖总督端方推荐,任出洋考察宪政五大臣参赞。

新政中的办政实绩加上出洋后的见闻视野,熊希龄的经世致用才能得到不断增长。他在清政府的实业、盐政、币制和理财等机构先后

1914年6月12日中华民国参政院开院合影
照片中第三排右起第六位为熊希龄。政治上的起起伏伏,最终促使熊希龄退出官场

三　近代弘法居士与研究学者 | 43

被委以重任且身兼数职，已经成为晚清不可多得的通才，只可惜——大清国的国运已走到了尽头。

辛亥光复后，思想开明的熊希龄当选为民国的第一任民选总理兼财政总长，他就职后准备大干一番，开始着手组建"第一流经验与第一流人才内阁"，决意要为建设一个讲求法制、致力于现代化的宪政共和国而奋斗。

然而历史又开了一个玩笑，熊希龄忘了此时的大总统就是昔日断送戊戌新政的那一位，袁世凯在篡夺了国家的权力后，让上台才5个多月的熊希龄以涉嫌"盗宝案"为由辞职。这一次辞职，基本上画上了熊希龄在政治舞台上的休止符，时年熊希龄才44岁，年富力强。

泽及慈幼　永怀于心

退出官场的熊希龄，不能以达志济天下，便以私力救苍生。他的后半生从此便与慈善事业结下了难解之缘。

1917年河北大涝，熊希龄主办赈灾，成立了"京畿水灾筹赈联合会"并担任会长。这次赈灾使灾区全体灾民"不致有冻饿毙命"；3年后，直、鲁、豫、晋、陕五省又爆发特大旱灾，熊希龄再次出面牵头组织赈灾，使得大量饥民得以渡过厄运，免于饥馑；此后熊希龄又曾多次领衔各地的慈善救济活动。

熊希龄一生中最辉煌的慈善成就，是创办了举世闻名的北京香山慈幼院。1920年10月，北京香山慈幼院正式开院，熊希龄将各地数千孤贫儿童收留起来进行教育，使他们成为社会的有用之才。在近30年的时间里，他把近7000名孤贫儿童培养成了社会的有用之才。

1931年，"九一八"事变后，熊希龄动员家人和香山慈幼院的师生投身救国抗日活动，筹集社会资力抚育殉难将士遗孤，设立伤兵医

1930年，熊希龄在北京香山慈幼院与孩子们合影

熊希龄所创的"香山慈幼院"，美国记者参观后称赞为"较之美国所办幼稚学校有过之无不及"，师资质量和教育设备在当时堪称一流

院和难民收容所。仅用了一个星期，他就和上海红十字会的会员们一起，从火线上救出伤兵400多人，收容难民6万多人！

抗战全面爆发后，熊希龄准备由香港绕道广州回湖南，刚到香港不久，就因猝发脑溢血于1937年12月逝世。逝后不久，国民政府颁文对他辉煌的一生作了高度评价。

小知识◎熊希龄缘结护法

熊希龄与佛教的因缘早在民国初年就已结下，1912年，在"庙产兴学"之风的背景下，中华佛教总会首任会长敬安法师受僧众委托，赴京要求保护僧产，不料竟受羞辱，含恨而逝，僧众群情激愤，时作为同乡又是诗友的熊希龄从中斡旋，才化解了矛盾。第二年，在中华佛教总会的静安寺大会上，熊希龄、孙毓筠、章太炎以其护法功德及社会名望与天宁寺冶开法师一起当选为会长。

1922年,在欧阳渐创办的支那内学院中,熊希龄被聘为院董。当学院遭遇经费不足的困窘时,熊希龄与梁启超、叶恭绰等人鼎力相助,联名呈请政府拨款,才使支那内学院渡过难关。

欧阳渐

国人有种说法:人生之三大悲哀,莫过于幼丧亲、壮丧偶、晚丧子。而欧阳渐一生所遇何止是这些悲事,他一生自幼到老,有八位亲人离他而去。是故他后来在《内学》中曾写过:悲而后有学,愤而后有学,无可奈何而后有学。可能唯有一心专研于佛法,才能给他以寄托安慰和坚定的信念支撑,也使他成为继杨文会之后的又一位弘法大居士。

仕途不进　悲而后学

欧阳渐(1871~1943年),江西宜黄人,字渐吾、镜湖,后改竟无。他出生于一个普通官宦之家,父亲欧阳晖闲职一生,郁郁不得志。欧阳渐幼年丧父,生活艰辛孤苦,自幼即随叔父刻苦攻读,初习诗赋辞章考据之学,进而治程朱曾胡诸家正统的义理之学。

1890年,20岁的欧阳渐考入南昌经训书院,以攻读经史为主,兼治西洋格致、

欧阳渐像
欧阳渐于24岁那年,在朋友桂伯华的引导下开始阅读《大乘起信论》、《楞严经》等书,方才明白生死去来,这也是他学佛之始

天算等新式学问，"为经训书院高材生，时称得风气之先"。在经训书院的几年求学生涯中，欧阳渐不仅开拓了视野胸怀，还结识了九江名士桂伯华。

1903年，欧阳渐考中江西的"优贡"，随后被任命为广昌教谕这一闲职。20年的奋斗只换来个仕途的无望，欧阳渐的失落可想而知。他在赴京朝考南归的途中，专程来到金陵刻经处拜访了杨文会。通过这次的拜谒谈话，欧阳渐给杨文会留下了深刻的印象。欧阳渐的理性根器、独立思考的性格、追求真理的执着，以及欧阳渐在理学、心学上的深厚根底，都使杨文会感到欣喜。

3年后，36岁的欧阳渐在广昌教谕任间，遭丧母之痛，庶出幼孤的他万分悲哀，即于母丧之日"断肉食、绝色欲、杜仕进，归心佛法，以求究竟解脱"。可以说，他在佛学上之所以有所成就，乃"因悲愤而后有学"。

远赴金陵　唯识称名

1910年，年已40的欧阳渐决心

欧阳渐书玄奘像赞
欧阳渐不但精通佛学，而且也是一代书法家

舍身为法，置家庭生计于不顾，再次赴南京依杨文会研究佛法，专攻法相唯识学。一年后，杨文会在"金陵刻经处"离世，杨文会临终前曾对欧阳渐说："我会上尔至，尔会上我来，刻藏之事其继续之。"欧阳渐顿首从命，以编校、刻印事业为继，挑起金陵刻经处的重任。

第二年，欧阳渐与李证刚、桂伯华等人发起成立了佛教会，但因宗旨不能实现而告解散。此后欧阳渐不再过问外事，把余生都献给了佛典整理研究和佛学教育事业。

欧阳渐继承了杨文会的遗志，在主持整理、刻印佛经方面作出了重大贡献：他遵从杨文会的遗嘱，于1918年刻成了《瑜伽师地论》后50卷，并以《瑜伽师地论》的研究作为中心，对传统唯识佛教思想系统的重要经论作了一番彻底的研究。他所阐述的法相、唯识分宗之说具有独创性。他的这一学说使之赢得包括沈曾植、陈三立、章太炎等学界泰斗及社会名流的敬重和支持。当时他与北方的韩清净皆以研究唯识而著称，享有"南欧北韩"之誉；又因他故籍为宜黄，故后世学者亦尊称其为"宜黄大师"。

筚路蓝缕　再启山林

欧阳渐在佛学教育上所作出的最突出的贡献，莫过于其创立的支那内学院。当时友人沈曾植曾劝告身处刻经处的欧阳渐说："事不胜势，学足自植，……当本其所学，别创规模。"在佛学研究上已有相当成就和水平的欧阳渐接受了沈曾植的建议，决心创办支那内学院。

1918年，欧阳渐在金陵刻经处研究部的基础上开始筹建支那内学院，欧阳渐首先将自己的积蓄捐出，购买了一批佛经典籍和参考书。一些政界、学术界名流叶恭绰、熊希龄、梁启超、蔡元培等，也都成为了支那内学院的院董成员。

为了支那内学院的创建，欧阳渐到处讲学筹划，谋求资金，或出于善友的布施，或出于政府的财政拨款。经过四年的筹备，支那内学院终于在1922年7月于南京公园路正式成立，由欧阳渐任院长，吕澂任教务长。

1937年冬，由于战火延及南京，支那内学院被迫迁往四川江津，建成了支那内学院蜀院。来到江津6年后，73岁的欧阳渐因病逝世于斯地，国民政府下令褒扬，拨恤金1万，教育部发布了公祭文，部长陈立夫亲撰挽联，联曰：

潮音云寂宗风远，法相无常教泽长。

小知识◎欧阳渐与沈曾植

沈曾植（1850～1922年），浙江嘉兴人，字子培，号巽斋，清末民初著名的学者、书画家。是晚清的一代学术大宗师，很为欧阳渐所推崇。在他的著述《海日楼札丛》中，有专门研究佛教的札记学说，内容遍及大、小乘及显密的探索。

据说欧阳渐研读佛教俱舍宗的典籍，3年仍不能通达，后来得到沈曾植的指点，找来与俱舍有关的典籍细细习读，3个月后对俱舍之说乃通彻洞达。当欧阳渐研究法相学每有心得，或一有新论著成时，必到上海拜谒沈曾植，畅谈一番而返。

蒋维乔

抗战期间,在日伪统治下的上海,有一位性情耿直、刚强节贞的老居士,他回绝伪政府要他担任教育次长的安排;他以"尽管贫穷,但从不饮一杯盗泉水"而在汉奸利诱下拒绝挂名;他曾撕毁请柬,拒绝汪精卫在沪上的两次宴请;他就是"一生爱惜羽毛,不肯苟且"的蒋维乔。

编撰蒙本　庠序执教

蒋维乔像

作为悉心学佛的蒋维乔居士个早纯是一位学者,也是一位在教育、哲学、佛学、养生学等领域都具有突出成就的历史人物。蒋维乔因主张"不主故常,而唯其是从之",故号因是子。因笃行厉学,他与历史学家吕思勉被世人并称为"常州二先生"

蒋维乔(1873～1958年),字竹庄,青少年时因主张"不主故常,而唯其是从之"而自号因是子。他出生于江苏常州。7岁进入私塾,20岁时考中秀才,后进入常州府学。23岁那年起,又先后进入江阴南菁书院和常州致用精舍继续深造,研究"西学"。

20世纪初,全国各省书院陆续改成学堂,急需编印新的教材以应时代需要。时已投身商务印书馆编译所的蒋维乔倾注心血,历时2年编成《最新初小国文教科书》,出版后风行一时;后又陆续编辑出版了一些新式教材,为各地学校所普遍采用,开成套统一教材之先风,影响巨大。

以教育来达到变革图强,在那个积贫积弱的时代里是很多志士仁

上海爱国女校的开幕式
后排左起第六位为蔡元培,左起第四位疑为蒋维乔。爱国女校的经费由罗迦陵赞助提供,初期学生仅约10人,都是发起人的妻女亲友

人的愿望。1902年,蔡元培等人在上海组织了中国教育会,并创办爱国学社。时年30岁的蒋维乔在上海参加了中国教育会,因为是义务教员,所以蒋维乔同时还为《苏报》写稿以自给,不久《苏报》被清廷查封,章太炎被捕入狱,蔡元培被迫出走,蒋维乔受蔡元培的委托又兼任起了爱国女校校长一职。

改制教育　得识谛闲

南京临时政府成立后,蒋维乔担任教育部秘书长,参加民国教育部的筹建,他亲自拟订了一系列教育法令在全国公布施行,第一次以政府名义宣布"学堂改为学校",小学废止读经科,男女同校,开创了中国新式教育的新纪元,"中华民国全部学制草案,实于此时,大略完成"。

1916年，蒋维乔北上任教育部参事，结识了财政部的徐文霨居士，受他的影响，蒋维乔也开始着意于佛学。一次徐文霨介绍蒋维乔到广济寺，跟从张克诚研学唯识，蒋维乔至此始知佛学的博大圆融。

时隔不久，北京佛教界一批居士学人叶恭绰、蒯若木、梅光羲、黄幼希、徐文霨等人，组织了一个讲经会，蒋维乔也参加了这个组织，讲经会迎请谛闲法师来京，在江西会馆开讲《圆觉经》，由蒋维乔与江味农、黄幼希作笔录，讲经两月余圆满，笔录洋洋数十万言，谛闲法师为之命名为《圆觉经亲闻记》。在这次讲经会中，蒋维乔与徐文霨都皈依了谛闲法师，蒋维乔法名为显觉，徐文霨法名为显瑞。当谛闲法师圆寂后，蒋维乔曾挽以联云：

说法四十八年，教观圆融，普为人天垂模范；示寂七月三日，端详坐逝，无边刹土现庄严。

弘法学府　不舍修持

蒋维乔对佛学不仅满足于自身的得益，更把佛法的学理与修持推向高校学界和社会。

就在参加谛闲法师讲经会的那一年，他建议蔡元培在北大开设佛学课"唯识哲学"，将佛学义理纳入了哲学课范畴。三年后，蒋维乔出任江苏省教育厅厅长，同时兼任东南大学教师一职，他便在东南大学开讲"佛教入门"、"百法明门论"等课，这是南方高等学府首开佛学课程的先声。此后蒋维乔又曾在上海光华大学等校任教兼课，其间先后在学校开设了《楞严经》、《唯识三十颂》、《广五蕴论》、《因明入正理论》等选修课，使得佛学在高等学府中成为一门新颖的学科。

蒋维乔在授课讲法的同时，还积极地从事撰述，他撰写的《中国

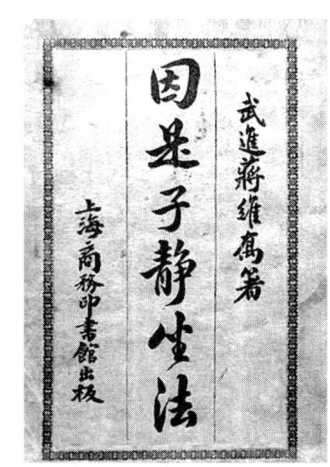

《因是子静坐法》
1914年,蒋维乔著成《因是子静坐法》一书,语言通俗易懂,重版20多次,销行数十万册,影响远及海外

佛教史》是中国近代第一部佛教史著作。代表著作《因是子静坐法》及《续编》一书,流行很广,影响深远。这是蒋维乔在修行功夫方面的心得,他曾师从谛闲法师修习止观法门,后依据小止观及释禅波罗蜜次第法门等,结合自己的体会而写成此书,以心理、生理的科学道理说明了静坐法对人体的作用,对佛法的推广和佛教的发展可谓意义重大。

小知识◎蒋维乔的静修功夫

蒋维乔是一位禅净双修、显密兼备的佛教学者。他自幼体弱多病,医生认定他将不享永年。15岁时,他因身体羸弱不得不辍学;18岁时,他根据汪昂《医方集解·勿药元诠》,

自学道家小周天功法，体质有所增强；28岁时，他又患上了肺结核并咯血，病势日增，于是不得不下定决心，摒除一切药物世事，每日"四次静坐，余暇则读老、庄及佛经"，苦练静功85天，贯通小周天，诸病痊愈。1947年，75岁的蒋维乔还从贡噶上师学大手印法，转向佛教密宗的修习，据说可以修到中夜发光的程度。

丁福保

一个人若能在一个领域有所成就已属不易，要在多个方向都有所建树则更为难得，然而在近代中国就有这么一位传奇人物，他就是丁福保。他一生共编纂译著书籍400多种，内容涉及到数学、医学、文字学、目录学、文学、佛学、道学、钱币学等，因而又有"百科全书式"的学者之誉。

无心应举　京师执教

丁福保（1874～1952年），字仲祜，号畴隐居士，法名知懿，江苏无锡人。丁福保出生在无锡书院弄的一个文人家庭，父亲丁洁庵是当地乡贤，以私塾授业为生。

幼年的丁福保可以用"资质驽钝"来形容，8岁入家塾，十几岁才开窍，

丁福保像
丁福保自幼不属于那种聪慧的孩子，据说《四书》要读上百遍才能背诵，全靠母亲薛夫人来督课。

每日读书到半夜才睡，丁福保正是靠着刻苦勤学的功夫才如愿地进入了当地有名的南菁书院。

然而，造化之弄人并非一时，丁福保花了十年的时间来求学和磨砺。23岁那一年，因不善于时文和馆阁体，丁福保仅以第16名考中了秀才。第二年南京乡试后，受父丧的打击，丁福保便从此无意于功名，不再应举。

近代工商业名城无锡，经世、务实、致用的观念久入人心。25岁的丁福保，又一次考入南菁书院学习算学，受业于数学家华世芳，并由华世芳的哥哥——华蘅芳推荐，到无锡竢实学堂持教数学。

就在30岁那一年，丁福保经由李希圣的推荐，应京师大学堂张百熙之聘，任京师大学堂译学馆算学及生理学教习。又过了两年，当那位他引为"生平第一知己"的李希圣因病去世后，丁福保也辞职南归故里，开始致力于学术研究、刊印编著书籍。

八年之功　皇皇巨制

南归上海后的丁福保，把半生精力都放在收集整理、编译刊印各类书籍中。他把早年在日本购得的唐代释慧琳所撰的《一切经音义》和辽代释希麟所撰的《续一切经音义》两书，编为《一切经音义汇编》，石刻重印，使得这两本国内已经散佚的佛教古籍再次流传。

1912年起，丁福保由翻译《织田佛教大辞典》入手，开始编纂《佛学大辞典》。为了这本辞典，他呕心沥血，付出了艰辛的劳动。在编纂的过程中，他翻阅了大量的佛经，并参考了日本佛教辞典有关方面的研究成果。"沉面濡首，至忘寝食"，历经八年，终于完成了《佛学大辞典》的编纂工作。他说："余知十年之后，佛教必大行无疑，余为流通经典，弘扬佛法起见，故编纂各种佛学门径书及佛经笺注等。"1922年,《佛学大辞典》由上海医学书局正式出版。

这本360多万字的新式大辞典共收录了3万多条目,内容囊括了佛教各种专门名词、术语、典故、典籍、专著、名僧、史迹等。大辞典出版后,受到广大佛教信徒的欢迎,已成为所有佛学辞典中最权威之作,至今依然惠及成千上万的学佛者。

虔心佛学　勤耕不辍

如果说,在《佛学大辞典》编纂前,丁福保还是一个深受佛教影响的文化传播者的话,那么当编纂完这部辞典,他已经是一名虔心归佛的居士了。

1917年,丁福保回到无锡为母亲祝寿,由于身体积弱,一下病倒10来天。他在病中回顾人生苦短,感叹往事而"遂委身而从事焉",正式开始戒荤茹素。

归心于佛法之后,丁福保除了行医、刊书外,勇猛精进,研读佛经,并积极刊印佛书经书弘扬佛义。他陆续编写了《佛学指南》、《佛学初阶》等读物,笺注了《金刚经》、《六祖坛经》、《八大人觉经》、《阿弥陀经》、《佛遗教经》、《无量寿经》、《心经》、《观无量寿经》、《盂兰盆经》、《四十二章经》等10余种佛教典籍。

丁福保虽然持奉佛法,但并不热心于居士们的组织和活动,只是以捐输钱财救贫困的具体行动体现了佛法的慈悲。在上海丁家的"诂林精舍"中,日日可见丁福保注经著书的身影,晚年的他勤学不辍,直至79岁那年,悄然离世。

丁福保的一段话可以作为他生平超然态度的注脚:"盖世间一切……物来顺应,物去不留,自然别开一番殊胜境界,此即吾人归宿也。"

小知识◎丁福保与中西医之争

丁福保曾从赵元益学习中医,并半生以此为业,他受贯通中西医学的赵元益影响,极力倡导深入改良中医。

1904年丁福保创办了《医学报》,他在报纸上大力地提倡引进西医,介绍解剖学、生理学等西医知识,对中医界大加检讨,这份报纸也成为中国医学会会刊。他还于1914年出版了第一部西洋医学史著作《西洋医学史》。丁福保虽然是中医,但他对待中医是持批判态度的。通过中西医的比较,他深刻指出二者的巨大差异,并明确说明:中医被废的危机是基于学术,而与政治无关。

朱庆澜

20世纪20年代,陕西大旱,饿殍遍野,十室九空,一位名叫朱庆澜的大居士赈灾活人无数。

无量功德　挺身救世

朱庆澜(1874～1941年),字子桥,法名超愿,浙江绍兴人,生于山东。青年时由山东继调东北从军,屡获擢升。在他30余年的军旅生涯中,署领过四川、东北、两广等地军政长官,每至一地,廉洁自律,军政治理皆有政声。

朱庆澜早年不信佛法,在好友程德全、倓虚法师等人劝告下信奉佛教,而成为佛教的大护法。1925年,年过天命的朱庆澜脱离军政界,

朱庆澜像

在近代的慈善事业中,朱庆澜这位老居士的贡献与影响是无人可出其右的,后人赞叹:"朱公的精神,如日月之光!"

投身于社会赈济事业。

1928年,西北连续3年大旱,赤地千里,十室九空。数千万人死亡。面对这惨绝人寰的旱情,朱庆澜目睹尸横遍地之惨状,立即以华北慈善团体联合会会长名义,发起"三元钱救一命"的大规模募捐行动。在他的号召下,各界人士纷纷解囊,甚至寓居天津的前清逊帝溥仪也对朱庆澜朱老说:"3元钱救一命,我拿出3000元救1000条性命。"最终募捐到数百万元,到东北购买了16万担粮食,活人无数。

3年后,陕西灾荒频仍,朱庆澜3次入陕,赶赴灾区查灾放赈,并联络慈善团体,募集巨额救济金60万~70万元。亲押赈粮入陕散放,施行救济。在灾区设厂施粥10余处,每日就食者4万多人。并设以工代赈,用灾民筑路修桥,散放种子,设灾童教养院、妇女织染厂、施药施衣、掩埋饿殍。功德无量。

共印遗珍 冉兴佛寺

朱庆澜不仅在慈善事业上费心甚巨,他在主政和赈灾一方时,同时恢复振兴当地佛教事业,施泽于地方者凡多。

就在陕西放赈救灾的1930年,朱庆澜于西安卧龙寺及开元寺获知寺院珍藏有宋版《碛砂藏》。早在1923年,康有为就曾意欲交换此经而未能实现。朱庆澜回到上海后,邀集叶恭绰、释范成、丁福保、蒋维乔、狄葆贤等人会商，成立了影印宋版藏经会，又从北京、云南、山西等地商借了一批佛经，互为补充，始成全藏。他们将这一无比珍贵的经藏制版共影印了500部，历时4年才全部印完。自此，《碛砂藏》又广为流通。

　　同年，朱庆澜又与李福田、唐慕汾、康寄遥、诸善长等人于慈恩寺共同发起创设慈恩学院，众人成立了董事会，延聘太虚、持松、妙阔等诸名师主持。朱庆澜亲允为学院筹备《龙藏》一部，《大正藏》一部，《正》、《续》、《藏》各一部，以期兴复陕西佛教。他们对慈恩寺进行了整修加固，全面粉刷寺宇，添设僧寮，并整理了寺院周围环境，还修补了大雁塔。

　　1931年10月间，太虚大师至陕弘化后，对慈恩学院极为赞成，学院先于慈恩寺开办，这一善举逐步促进了慈恩寺的日益复兴。

助修古刹　桥通塔峙

　　西安是隋唐两代的国都，古刹祖塔环立，盛极一时，但历经千年沧桑，到民国时期这些寺院很多衰败已极。而早年不信佛法的朱庆澜在皈依后，四处兴庙修庙，以代赎过去拆庙之罪。

　　朱庆澜与同仁们首先将密宗道场大兴善寺、青龙寺亦予恢复；又修补了破败不堪的铁塔寺、泾阳大寺等寺庙。其他古寺名刹如道宣律师道场、鸠摩罗什道场、不空三藏道场等，经过朱庆澜的资助修补，气象焕然一新、法灯再燃。

　　朱庆澜还主持修复了泾惠渠、泾惠桥，惠及民众；又与佛教界人士多方筹措资金，先后修葺了大雁塔和玄奘大师舍利塔，窥基、圆测二祖师塔，华严清凉国师塔等，对陕西文物古迹的保护做出了重大贡献。

　　1941年，在陕奔波10余年的朱庆澜积劳成疾，因咯血不治，病逝于西安。当地百姓整队送灵，沿路哭声一片。下葬的棺木由冯玉祥写棺表，于右任写墓盖，叶恭绰写墓志铭。冯玉祥在挽词中赞道："朱子桥，老将军，我民国，大伟人，一生最清廉，行兼智仁勇，只知有国，不知有身，公而忘私，识远器深……大仁大义，一片慈心，全国人民记在心中……"

小知识◎朱庆澜与极乐寺

东北哈尔滨的极乐寺建成于1924年，它与朱庆澜之间还有一段关系。当时的民族产业一直不很兴旺，当地人认为是风水上出了问题：俄国人的教堂压住了"龙腰"，因此提议在"龙头"的位置修建一座中国寺庙。时任交通部长的叶恭绰为此特批了5万元的资金。后来，正好朱庆澜出任东三省特别行政区长官，机缘巧合，建庙剩下的资金问题到他这里得到了完善的解决，朱庆澜亲自担任了建庙筹备委员会的主任。经过一年多的建设，东北最大的寺庙建筑群落成，取名"极乐寺"。

梅光羲

在佛的"三十二相好"之中，有一相被称之为"广长舌相"，释迦牟尼舌头吐出来之后，能整个挡住自己的脸。而据说有一位居士就有此相，舌头伸出来能舔到自己的鼻子尖，每次说法大家都很拥护，所以把他与夏莲居居士并尊称为"南梅北夏"，这位居士就是一生讲经无数,有"南梅"之称的梅光羲。

由武转刑　人生之幸

梅光羲(1878~1947年),字撷芸,江西南昌人。他出生于世宦家庭,祖父梅启照多年为官,曾官至巡抚、总督等位,梅光羲因父亲早逝,在祖父的培养与教育下,熟读四书五经。15岁后,学作古文,并阅《资治通鉴》及二十四史、老庄列子。在19岁那年的丁酉科乡试中,他中得举人第39名。

1901年的冬天,23岁的梅光羲以候补道员身份在浙江抚署充任文案,经由江西同乡桂伯华的介绍,拜谒了金陵刻经处的杨文会,在彼处听讲《大乘起信论》,由此而归心于佛法。

两年后,梅光羲以道员身份在湖北候补,为张之洞赏识,在防营将弁学堂任总办。1904年夏,时任湖北武备高等学堂监督的梅光羲被公派赴日本东京振武学校学习陆军,开始接受正规的军事教育。

梅光羲像

一心奉佛的梅光羲曾涉足教育,他在南昌创办明达学堂,因义和团而告终;后又担任过京师大学堂的藏书楼提调(即北大图书馆馆长);还曾任北洋政府教育部秘书长

虽然读的是军事，但梅光羲在业余时间继续研读佛书，时时阅读《大乘起信论》及《阿弥陀经》，他不但为其中的义理所吸引，其间还曾经跟庆纯法师学习准提咒及观想法。

1908年，30岁的梅光羲自日本学成归国回到湖北，时隔不久，广东总督袁树勋奏调他赶赴广东担任省审检厅筹办处总办，梅光羲自此进入了司法界，历经清廷、北洋、民国3个时代，开始了30余年的宦海沉浮。

监察齐鲁　弘法职余

由于经常回到故乡江宁省亲，梅光羲便有了向业师杨文会请益的机会，针对其在佛学上的问题，杨文会让他多读些华严、三论、法相、净土等宗的经论典籍。

梅光羲从广东回到湖北后，担任了湖北提法司使，创办并掌管着全省的司法行政，监督各级审判厅、检察厅及监狱。从38岁到47岁这段时间，梅光羲又在山东担任了11年的高等检察厅检察长。

在居职余暇里，梅光羲积极从事于佛经的宣讲和著述。他在济南新西门的大明湖畔，组织佛学社，开设佛学讲座定期讲法相唯识学。又常常于星期日到佛学社、监狱与各学校等讲授《大乘起信论》、《百法明门论》、《成唯识论》及《摄大乘论》等经典。他还曾与居士夏莲居等人创办了山东佛学社、山东佛学流通处，并皈依慧明法师受了三皈五戒。

在山东期间，梅光羲还出版了他的唯识学著作《相宗纲要》。欧阳渐为之作序，这本书把唯识学中最烦琐的名相，如"三时教相"、"五位百法"等，一一加以解释，首尾相贯，很有系统性，相当于一部法相小辞典。

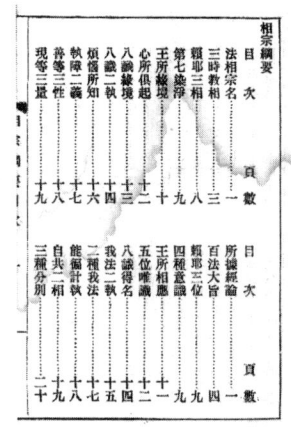
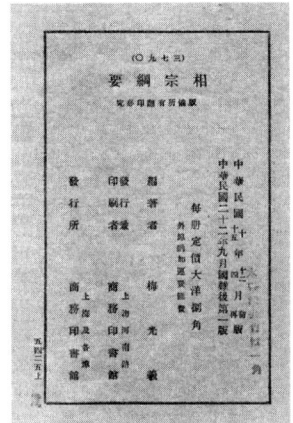

《相宗纲要》
此为梅光羲所著的《相宗纲要》，他的其他著作还有《相宗纲要续篇》、《相宗史传略录》、《大乘相宗十胜论》等

1925年，因军阀张宗昌在山东干涉司法，枪杀张时，梅光羲愤然辞职离鲁。

津沪宁赣　说经不倦

梅光羲是一位热忱于弘扬佛法的居士，其弘法之愿心稀有人能及。他自山东辞职后的4年时间里，定居在天津，故时常到北京居士林讲经，并在民国大学为学生们讲授《相宗纲要》。1928年，50岁的梅光羲又来到上海，跟遇大愚法师学陀罗咒，每日结印诵咒，顺便到上海居士林讲经。时过两年，当他任最高法院检察署检察官而迁居南京时，又在法政讲习所讲《百法明门论》及《相宗纲要》；次年转任江西高等法院院长，每逢星期日，他就来到南昌佑民寺主讲《相宗纲要》、《阿弥陀经》、《园觉经》等经集。

从 1933 到 1937 年，梅光羲每周都要在毗卢寺、普照寺、佛学会、佛学净业社等地方讲经。他甚至利用无线电台来讲经弘法，讲好后交广播播出。即使是在烽火遍燃的抗战中，梅光羲还曾于重庆长安寺为缁素讲演《唯识三十颂》、《百法明门论》。

1940 年，这位 62 岁的老人因中风辞去了行政法院评事一职，去职后，梅光羲"常居乡养病，未曾讲经。所阅之书则为《大般若经》、《大涅槃经》、《中阿含经》、《杂阿含经》、《增一阿含经》"。他依然勤学不辍，7 年后，身患沉疴的梅光羲去世，家人遵嘱以僧服入殓，安葬于重庆佛教会墓地。

范古农

范古农出生在浙江嘉兴的一个耕读家庭，父亲范文质给他起名叫范运枢，字拱薇，"运枢"与"拱薇"，当然都是辅弼天下、经世致用的吉词，从字面上就可以看出父辈所托之厚望。然而造化弄人，他曾说自己出生时母亲做了一个梦，梦到一人从田间而来，就以为他前世是个农夫，因而自己改名梦耕，字古农。

赴学东瀛　秘聚反清

范古农 (1881～1951 年)，浙江嘉兴人。名梦耕，字古农，别名海尸道人，法号幻修，61 岁时又易名寄东，号幻庵。少年时的范古农聪颖敏悟，15 岁时即以第一名考中秀才，18 岁时求学于盛宣怀的上海南洋公学，1900 年，他又来到杭州就读于"求是书院"。

在浙江学生东渡日本求学的大潮下，范古农于 1907 年也来到日本，进入"东京物理专科学校",与桂伯华、章太炎、沈钧儒、褚辅成等交往从游,并参加了同盟会。3年后,范古农学成回国,担任了浙江省"嘉兴府中学堂"校长。在辛亥革命的前夜,嘉兴府中学堂是同盟会的重要活动场所之一,该校不少教职员在范古农的领导下,秘密地进行反清革命活动,范家也经常以讲解佛经为名,隐秘地进行聚会。

时隔不久,浙江光复,革命成功后的范古农开始转向佛学研究。这一年,30岁的范古农到平湖报本寺听华山法师讲《弥陀疏钞》,开始对净土法门感兴趣。次年,他与"独念和尚"龚宝铨在嘉兴精严寺等组织了佛学研究会,每月两次聚会讲演佛经。

嘉兴佛学研究会的兴起,也带动了相邻各地佛学会的相继成立,1927年后,范古农于杭州发起兴办了杭州佛学研究会,自任主席,每月两会必讲,弘法不倦。

任职商校　应聘书局

民国肇建,范古农应褚辅成之邀,创办"嘉兴商业学校"并任校长,他在校长这一职位上待了整整16年。这期间,范古农皈依于宁波观宗寺的谛闲法师,受了具足戒,法名幻修。不忘讲法的范古农把商业学校办得很有特色,星期日他宣讲佛学,由学生自愿听课,平常的文娱活动也都是些梵音唱诵,住宿学生更是终年吃素。

1929年,上海的王一亭、李证性等居士发起创办了一所专门编辑、刻印、流通佛学典籍的出版机构"上海佛学书局",统筹经营一切佛教文化事业,书局把全国所有的佛学出版书刊,都纳入了它的流通范围,成为全国影响最大的佛学出版发行机构。兴许是法缘注定,四处讲经的范古农应聘来到了佛学书局,出任总编辑的他开始从事策划出版,整理推出了各种佛教经论典籍、历史文物、人物传记等方面的著作。

《佛学略谈》
此为刊载于1934年《文化月刊》第4期的范古农《佛学略谈》，上海永生播音电台曾请范古农播讲此文

范古农在上海佛学书局发行的定期刊物《佛学半月刊》上，主持了"佛学问答"这一栏目，深受学佛者的欢迎，后来被编为《古农佛学答问》一书。

1934年，范古农又陆续被《佛教特刊》和《佛学日报》聘为总编主笔，发表了大量佛学文章，为佛教的发展起到了推波助澜的作用。

老骥伏枥　讲法不已

1948年，上海的同修们把范古农从嘉兴请回了上海，为培养唯识研究人才，年近七旬的他同方子藩等37人创立了法相学社，并亲自编写缘起，订立简章，编写课程，研究发扬法相唯识理论。

范古农在《法相学社缘起》中曾写道："玄奘法师游学印度，归译诸论，弟子传习，为法相宗，此盖与他宗对立而言。论其实际，法相乃佛学之通途，凡学佛者皆当宗之。"按照他的规划，法相学社的主要修学课程安排为六期，陆续研习《大乘五蕴论》、《大乘阿毗达磨集论》、《显扬圣教论》、《瑜伽师地论》和《成唯识论》等14本典籍论著。

范古农在学社中不但亲自讲课，还编辑刊印《法相学社刊》，发行讲义和通讯问答，还被推举为世界佛教居士林的第六任林长。回到上海的第3年，在为法相学社讲完第三期《显扬圣教论》之后，范古农患病不起，1951年4月与世作辞，享年71岁。

范古农的一生，讲经弘法，惠济世人，身后更给人们留下了众多的著作。诚如宽律法师对他的概括评价："古农博通三藏，致力弘法达四十年。奖掖后进，如恐不及。悲心深切，并世所希。"

小知识◎求是学院同窗蒋尊簋

在杭州求是学院，范古农通过校友蒋尊簋接触到了佛教。蒋尊簋的父亲蒋观云是诗人与学者，经常和儿子蒋尊簋谈论东西方的哲学，对佛学的高深推赞有加，范古农也正是从校友那儿才对佛教有所了解。

蒋尊簋，曾以官费选送日本留学军事，与蒋百里同以精通军事著称，被章太炎称之为"浙江二蒋"。1906年在东京加入光复会、同盟会，被委任为宣传部长。辛亥革命爆发后，出任广东省都督府军事部长，权摄广东都督，后遭排挤，历经官场沉浮后也持斋奉佛。1931年病逝，年仅五十。

叶恭绰

离紫金山的中山陵不远的梅岭上,有一座叫仰止亭的小亭,紧挨着亭子有一小块墓坪,墓坪下长眠着捐建这座亭子的人——叶恭绰。叶恭绰生前为亭子取名"仰止",取《诗经》中"高山仰止,景行行止"之意。站在亭里看中山陵,成仰望之势,以志这位墓主人对孙中山先生的高山仰止之情。

仕途通坦 少年拿云

叶恭绰(1881~1968年),字裕甫、玉甫、玉虎、玉父,又字誉虎,号遐庵,晚年别署矩园,广东番禺人。出生于北京一个书香世家。叶恭绰自幼秉承艺文家学,少年时便关心时务,醉心于新学,志在经世。在中外史地方面,用功尤勤,擅长辞赋文章。

叶恭绰18岁应童子试作《铁路赋》,为张百熙所赏识,以第一名录取为府学生。4年后,叶恭绰参加了清王朝最后一次会试,与沈钧儒、谭延闿等人一同考中进士。21岁时入京师大学堂仕学馆,后留学日本,并在彼时加入了孙中山领导的同盟会。

叶恭绰的仕途可以说是非常之顺利,从23岁时任湖北农业学堂的教

叶恭绰像

叶恭绰少年时以《铁路赋》而入泮,其后半生曾兼办铁路的修筑并多次任职于交通部,或许这便是冥冥的天意所定

员步步升迁到北洋政府的代交通部次长，才花了不到10年时间。当然，在那个风云际会的时代，社会之动荡多变也是人才的一个机遇。

1913年，33岁的他出任交通部路政局长，兼代交通部次长。在整个北洋政府时期，叶恭绰共担任过靳云鹏、梁士诒与段祺瑞组阁的政府的3次交通总长。

孙中山所组织的南方政府大元帅大本营成立后，设立外交、内政、财政、建设4部，财政部长先由廖仲恺担任，接着由叶恭绰接任这一职位，到了南京国民政府时期，50岁的他还曾出任了铁道部长。

孙中山、朱启钤、叶恭绰等人合影
1912年9月，铁路督办孙中山与交通银行总经理梁士诒、交通总长朱启钤、交通次长叶恭绰等人在张家口车站视察时合影。前排右起第三位为叶恭绰、第五位为梁如浩、第六位为孙中山、第七位为梁士诒、第八位为朱启钤

学佛护法　屡有襄赞

在政界的多年浮沉，让叶恭绰深感世态人心的无常，于是他在职务之余，开始潜心修持佛法。

1918年初春，38岁的叶恭绰在北京与蒯若木、蒋维乔、江味农、徐蔚如等居士发起讲经会，迎宁波观宗寺谛闲法师入京讲经；谛闲法师在京江西会馆讲完《圆觉经》后，叶恭绰以1000银元相赠。

同在这一年，叶恭绰襄助欧阳渐筹划创办支那内学院，但欧阳渐创办学院苦于经费无着。到了1921年，叶恭绰联络熊希龄、梁启超、蔡元培等发起组织院董会，由叶恭绰等联名呈请政府拨款补助。以叶恭绰与熊希龄、梁启超等人在北京政界的影响力，由政府会商拨出基金10万元，补助支那内学院成立，并每月由国税项下拨款1000元，作为经费。支那内学院1922年正式成立，开学授课时，叶恭绰设计并捐建了藏书楼。

1931年的夏天，叶恭绰又与居士陈飞青、周叔迦同在青岛召集众人倡议修佛寺，他当场首捐1万元；后来，叶恭绰在外埠又捐了一笔钱，请市长胡若愚拨了一块公地，并推荐倓虚法师，到青岛负责湛山寺的兴建。

熟悉文博的叶恭绰还一向重视佛教经典文物的保存，曾参与西安《碛砂藏》的影印事宜，做了很大的贡献。

丹青妙手　艺精学博

叶恭绰生平多才艺，能书画，精于诗词。他除了致力于交通与佛教慈善事业外，在艺术、书画、诗词、文物鉴藏方面，多有贡献。

为弘扬传统文化，叶恭绰刻印了很多典籍，他的著作有《遐庵诗》、《遐庵词》、《遐庵谈艺录》、《遐庵汇稿》、《遐庵清秘录》等，另编辑有《广箧中词》、《全清词钞》、《五代十国文》、《清代学者像传合集》等。还留下了不计其数的书画作品,他的侄子叶公超曾将叶恭绰的书画辑录为《叶遐庵先生书画选集》。

叶恭绰一生对于典籍多有收藏,但后来他将这些珍贵古籍文物尽数捐献给了图书馆、博物馆。1943年,叶恭绰曾向上海合众图书馆捐献了地理类藏书等906种,3245册;其他所珍藏的文物或捐赠、或出售,尽归北京、上海、广州、苏州、成都等有关机构收藏。建国后,叶恭绰在运动风潮中曾遭到多次抄家,尚有文稿也尽为自行焚毁。

1968年,88岁的叶恭绰离世而去,观其一生:入世于交通、出世于佛法、自娱于才艺文博,而终归于空,他一生的写照正如其少年时曾写下的一首咏蚕诗:"衣被满天下,谁能识其恩?一朝功成去,飘然遗蜕存。"

小知识◎叶恭绰与交通大学

叶恭绰于1921年底出任了北洋政府的交通总长,他上任不久就采纳了在交通部任职的钟秉峰校友的建议,将交通部部属的四所学校,即上海的南洋大学堂、唐山的唐山工业专科学校、北京的北京铁路管理学校和北京邮电学校合并改组为一所学校——交通大学,统一教育方针和学制,以图发展。

经过董事会的推举和总统徐世昌的批准任命,叶恭绰担任首任交通大学校长,经过一个多世纪的分分合合,交通大学演变成今日的上海交通大学、西安交通大学、西南交通大学、北京交通大学和新竹交通大学5所高校。

韩清净

当代学者叶曼在回忆学佛历程中曾提到:他的父亲刘君曼和王云五、韩清净3人,当年都是宋教仁的支持者,宋教仁被刺后,他们便开始反对袁世凯,三人也因此结拜为兄弟。后来王云五去了商务印书馆,刘君曼从事盐业工业,而那位韩清净,则成了名满北方的唯识学大师。

1924年,叶曼的祖母去世,韩清净的三时学会曾专门刊刻了《天请问经》1500册,以此功德为亡者超生。

由外入正　蛰居潜习

韩清净(1884~1949年),名克忠,字德清,法号清净,河北河间人。韩家为当地望族,世代书香。幼年的韩清净孜孜勤学,在19岁时考中了举人,并在地方为官,颇有政誉,但他性情耿直,磊落寡合,便于中年辞了官来京游学求道。

来到北京后的韩清净曾经到段正元的道德学社从学扶乩外道,历久而厌之,于是转而研习佛学。他由习《俱舍论》而悟无漏法,便在1921年皈依了佛教,法名清净,从此以"清净居士"称名于世。

38岁那年,韩清净与研究佛学的一批同好朱芾煌、韩哲武、徐森玉、

韩清净像
有志于"拟立瑜伽学院造百论师"的韩清净,逝前曾感叹:"吾此生来人间,著一大论,解一金经,传心有缘,吾事毕矣!"

饶风璜等人组织了一个佛学研究团体法相研究会,以研究法相唯识之学为目的,并由他首先主讲《成唯识论》。后来,为了作更深入的研究,韩清净来到附近的房山,在云居寺辟一净室,攻读《瑜伽师地论》。经过3年的闭户潜修,其佛学功力大进,并发现了若干玄奘法师译本的错简处。

1927年9月,法相研究会改组为三时学会,会员以在家信众为主,任会长的韩清净在会中每周讲述与唯识学相关的论疏典籍,并举办普及佛法的公开演讲。致力于弘法事业的三时学会,与南京支那内学院遥相呼应,均以研究唯识学而著称,对北方唯识学的研究有启迪之功。

择印善本　法宝再布

当时,三时学会的会务重点之一即以刻印法相唯识学的经典为主,所刊刻的典籍以校勘认真、印刷精美而著称,其中尤以辑自善本《金藏》而影印的120册《宋藏遗珍》最为佛教界所称道。

《宋藏遗珍》是从赵城《金藏》中选出来的,1930年,范成法师在山西查访《碛砂藏》缺本时,发现了赵城广胜寺保存有金代雕刻的藏经——《金藏》。《金藏》雕刻于金熙宗皇统九年(1149年),完成于金世宗大定十三年(1173年)。全藏共收经1570部,6900余卷。广胜寺中所藏的那一部,已年久散佚缺损,所保存的并不完整,虽为范成法师查访到了,但因其版式与《碛砂藏》不同,故没

三时学会印鉴
1927年,朱芾煌在北京北长街北口27号建房,并舍为韩清净研修讲学的道场,韩清净将"法相研究会"改组为"三时学会"

有纳入影本中。

此事为韩清净所知后,他请会中同仁徐森玉赴山西,选出宋代以后失传的法相唯识方面的孤本典籍 46 种,计 249 卷,借出制版影印,于 1934 年完成。

影印出的这 46 种典籍,命名曰《宋藏遗珍》,分上、中、下 3 集,32 刻本,线装 120 册,分装 12 函发行,为学术界所重视。三时学会会员周叔迦也在影印《宋藏遗珍》中尽了相当的心力。

珠玑之作　鸿篇遗世

韩清净毕生致力于法相唯识,而不旁涉他宗。他耗费十数寒暑,重新对《瑜伽师地论》加以考订和阐释,在考订有关注疏论著的基础上,编撰成了 40 万字的《瑜伽师地论科句》和 70 万字的《瑜伽师地论披寻记》,毕生心血,尽所倾注其中。

在《瑜伽师地论披寻记》的编撰过程中,日寇占领北平,战火纷乱。他与朱芾煌二人"整理《大论》,厘句读、立《科判》,以为读本。三易其稿,纲领次第,始得井然。释文义以为《披寻记》,前后披阅,始得贯通"。以 5 年又 4 个月的时间"寒暑无辍,幸得竣事"。

韩清净不仅全面地阐发了《瑜伽师地论》的内涵,而且经过精心考订,发现了原典很多的错简讹舛之处,他这两本书对本论的研究可谓功德空前。遗憾的是,《瑜伽师地论披寻记》尚未完成,对此书多有襄助的朱芾煌就辞世而去,韩清净也于完稿 6 年后在北京逝世。

在韩清净逝世 10 年后,他的夫人鬻舍筹款将书稿打字油印百部,终得行世。但在又历经了 10 余年动荡及文化浩劫之后,就连这百部也已零落不全。1989 年,上海佛学书局终于以顾兴根居士保存下来的本子,影印 1000 本出版重新问世。

小知识◎韩清净与宝一法师

宝一法师，1868年生，俗家姓高，名祥珍，河北省清河人，是民国初年北方弘扬净土的高僧，曾任民国国务总理的段祺瑞也是宝一法师的皈依弟子。

1921年，时在陆军部任职的居士王虚亭，见东直门内北小街的极乐庵残破不堪，他联络北京念佛修行的同仁，捐资加以修缮整理，以供念佛会同仁专修，并礼请宝一法师为极乐庵住持。宝一法师在极乐庵传在家二众戒，韩清净与马冀平等60余人就在这极乐庵中从宝一法师受了五戒及菩萨戒。

苏曼殊

"人间花草太匆匆，春未残时花已空。自是神仙沦小谪，不须惆怅忆芳容。"用这首叫《偶成》的诗来形容它的作者苏曼殊或许再合适不过。苏曼殊以僧名闻世于民国，他的才情胆识，时人少有能出其右；他以半僧半俗的身份行世，冷寂的面孔下蕴藏了苍白而又多彩的人生。

屡入佛门　半俗半僧

苏曼殊（1884～1918年），原名戬，字子谷，学名元瑛，法号曼殊。广东香山人。父亲在日本横滨的英商茶行任买办，而生母是一位日本女子，苏曼殊生于日本横滨。他在6岁时随嫡母返香山老家，次年跟随塾师苏若泉在家塾读书。

苏曼殊自童年起生活就伴随着残缺，没有感受到多少家庭的温情。他在12岁时到新会慧龙寺出家，法名博经。这位小沙弥在一次行脚到了番禺海云寺时，因为吃了鸽肉而被逐出了庙门，是为第一次出家经历。

1898年，15岁的苏曼殊跟随表兄林紫垣来到日本横滨，就读于华侨创办的大同学校乙级。在求学期间，据说他又到广州蒲涧寺当了"门徒僧"，以自刎要挟主持为其剃度，并"闭关"修行了3个月。闭关后的苏曼殊于1900年3月重返日本横滨大同学校甲级。

这次再回到大同学校读书，苏曼殊思想上已开始变成一个狂热的革命者。1901年，苏曼殊进入早稻田大学预科就读，第二年又转学到成城军校学习陆军，并参加了革命暗杀组织青年会。苏曼殊觉得只有军事才是推翻清王朝的最直接途径，但学习军事的日子没过多久，因表兄反对参与革命，断绝了他的经济来源，苏曼殊不得不中断学业，回到了苏州并开始从教。

苏曼殊僧装像

苏曼殊的青年时期，充满着理想主义的色彩。他一面把情感倾注于诗文才艺，一面又激昂热衷于暴力革命，复杂怪异的行径，难以定论。许多人认为苏曼殊是个疯疯癫癫的"情僧"，可好友陈独秀却认为实际上他只是不肯俯就于早已洞彻的人情世故而已

革命和尚　零碎人生

苏曼殊的前两次"出家",因资料记载的不全,或许还有些真假迷离。如果说那算是一种人生的"误会",那么苏曼殊20岁的这次出家可算是对飘零人生的"调侃"了。

1903年秋,苏曼殊来到上海的《国民日日报》任职,常常与在日本相识的陈独秀、章士钊等人聚会,这些热血青年经常在报刊上发表抨击时政的革命言论。不久,苏曼殊到香港进行事务联络,在返回广东时竟在惠州一个庙中受戒出了家。

从革命党人而成出家和尚,后人终无法还原那一刻的动机,但是有一点,对苏曼殊这样非常感性的人,如果非要以理性的态度去推究他,可能反而不得其鹄。这些超越世俗的举动,或许只是一时的性情所致,而非是对人生痛苦思量后的毅然决裂,这也是对他零碎人生的一种最好解释。

和尚做了没多久,不忘救世的"苏和尚"又回到了香港《中国日报》社。他曾多次向革命党人陈少白借枪,要暗杀保皇派人物康有为,最终被劝阻而作罢。

以"和尚"自居的苏曼殊,于长沙起义失败后,来到上海,过起了半僧半俗的生活,时而救世,时而又参佛,时而更流连于烟花之地。不久他远赴泰国,在曼谷的龙华寺青年会任教,并学习梵文,还到东南亚各地参观佛寺,参习佛法。

才情一身　空留遗恨

苏曼殊的革命救世历程多少有些游移和迷离,但他在文坛艺坛方面的成就,确实是影响了后世一代人。他才广艺绝,尤擅诗词绘画,是诗人,也是画家,是翻译家,还是位小说、散文家。

苏曼殊的小说作品风格清秀凄怨，别具一格，情节多以悲剧结尾，有着浓重的感伤色彩，实际是其内心痛苦挣扎的真实写照；他的诗歌总是散发出浓郁的禅味幽香，从题材到语言风格上，将大量的佛理词语浑然地融入到诗作中去，那些感怀之作大都弥漫着对身世的无奈与感叹，自己也遂以"诗僧"自诩。

苏曼殊的画格调不凡，意境深邃。冯自由在《革命逸史》中曾说他："绘画本领无师自通，偶尔作小品馈其亲友，下笔挺秀，见者都赞赏喜欢。"苏曼殊还通晓英文、日文、梵文等数种文字，到杨文会的祇洹精舍教习过英文，他把《拜伦诗选》和雨果的《悲惨世界》翻译到中国来，又把《诗经》、《离骚》、《长恨歌》等诗作及李白、杜甫、张九龄、曹雪芹等人的作品介绍给英语世界，还将梵文研究的成果奉献给世人。

1918年，集情僧、诗僧、画僧、革命僧于一身的苏曼殊，因病结束了他的红尘孤旅，年仅35年。

小知识◎苏曼殊的尚武情怀

"革命和尚"苏曼殊的留日经历跟梅光羲正好相反，梅光羲留日后以脱离行伍杀戮为幸，苏曼殊虽然皈依过佛门，但执革命暗杀为目的。他在成城军校学习陆军时，立志做一个杀敌的军人。

1903年，苏曼殊从成城军校退学后参加了反对沙俄侵占东北的"拒俄义勇队"，与廖仲恺等留日学生每天清晨秘密集会练习射击。后"拒俄义勇队"的中坚又成立"军国民教育会",以"养成尚武精神,实行民族主义"为宗旨,苏曼殊也加入了这一革命暗杀组织,虽然生活拮据,可每次都为之捐款一两元。

朱芾煌

1912年,孙中山就任刚刚诞生的中华民国临时大总统一职,在担任这一职位后的第四天,他签署了第一号大总统委任状,任命名不见经传的朱芾煌出任总统府秘书员。就是这位朱芾煌,胡适在所著的《胡适留学日记》中留下了对他的评价:"南北之统一,清廷之退位,孙之逊位,袁之被选,数十万生灵之得免于涂炭,其最大之功臣乃一无名之英雄朱芾煌也。"

襄力革命　功成弗居

朱芾煌(1884~1942年),字绂华,法名净信,四川江津人。幼年从本县名儒夏咏南读书,16岁考中秀才,其后便在乡里设私塾授业。1905年,朱芾煌奔赴上海并在次年考入了中国公学,3年后,25岁的朱芾煌又东渡日本继续求学。

历史的潮头上站立了那么多的弄潮儿,然而一些关键时刻的历史转折却是由惊涛骇浪下的暗流来推动的,朱芾煌就是那暗流中的一员。

武昌起义爆发后,朱芾煌立即赶回了国内。作为同盟会会员的他,利用与袁世凯之子袁克定的私交关系,携带着袁克定的书信,只身前往河南面见袁世凯。他对袁世凯剖析时局,劝说其审时度势站到革命党一边,革命党当推举其为民国大总统。

朱芾煌就此成为了沟通革命党与袁世凯之间的一条秘密渠道。接着他又在袁世凯的授意下持汪精卫书信赶到武昌，不料被冯国璋抓获，几乎丧命。后来黎元洪与袁世凯的函电中，曾提到了朱芾煌的功绩："前同盟会蜀人朱芾煌，于南北统一之际，奔走调和，屡濒危难，其劳不减于精卫、石曾，恬退自甘，不希勋赏。……诚属不可多得之才。"

一个月后，南京临时政府成立，朱芾煌任总统府秘书员。次年10月，袁世凯就任中华民国正式大总统，朱芾煌婉谢官职，选择了赴欧洲游学。

共组学会　改宗法相

朱芾煌于国学原有很好的根底，并通日文、英文，他因种种原因未能实现他的政治抱负。遂选择了退休隐居北京，潜心研究佛学，终成一代大家。

1921年，37岁的朱芾煌与韩清净等人在北京创立了法相研究会，并推举韩清净为会长，法相研究会成为当时有名的佛学研究团体之一，特别侧重于唯识学的研究。

韩清净曾在纪念朱芾煌的文章中回忆道："三时学会胚胎于民国十年，……经始擘画之力，芾煌居士为独多。……芾煌居士集合多人，发起法相研究会，共同研究《成唯识论》，群推清净为导首，继请讲演，是为三时学会胚胎之始。"

在创立法相研究会之前，朱芾煌每天持念佛号，不肯停辍，韩清净经过询问才得知，原来朱芾煌在佛前发愿3个月诵念百万佛号，所以日夜不懈以期待早日圆满。忽然有一天，朱芾煌告知韩清净，其夜里拜佛时，顿生觉悟智慧，如有弥勒菩萨亲临关护，所以立志归心于瑜伽，开始坚定地跟从韩清净研习法相经论不再旁涉。

1927年，法相研究会改名为三时学会，彼时位于北京北长街的三时学会会馆,就是由朱芾煌变卖家产个人捐赠修建而成的,义风直追杨文会之于金陵刻经处。

编纂辞典　遍获称誉

在研习佛法的过程中,朱芾煌有感于一般的佛学辞典在编撰上有诸多失误。为避免这些失误,1934年秋,在国学方面有很好功底的他开始编撰《法相辞典》。

辞典所采取的资料来源于《解深密经》、《缘起初胜法门经》、《显扬圣教论》、《辩中边论》、《摄大乘论》、《成唯识论》、《二十唯识论》、《五蕴论》、《因明正理门论》、《五事毗婆沙论》、《入阿毗达磨论》等经论。"选材允称精慎谨严,虽为备摄一切,已足为世之欲宣说正法,诠释经论,修定求慧,以及志在研求菩萨乘教及声

中年的朱芾煌

年轻时,朱芾煌秉性磊落,赋志瑰奇;智慧明决,颖悟过人。他从学于韩清净,被彼称作"似孔之颜,同奘之基"。中年时,朱芾煌于佛法信深愿笃,坚卓不移。韩清净评价他的这位挚友:"潜学精进,亦唯芾煌居士为尤最。"

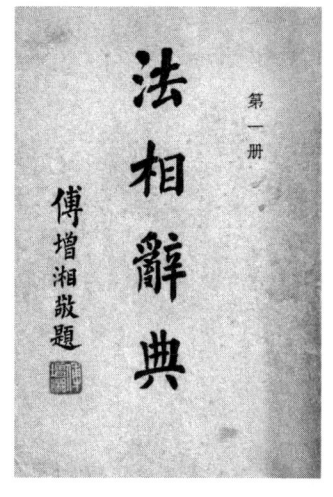

《法相辞典》
朱芾煌的这部《法相辞典》完全以玄奘所译的经论为依据,汇集唯识学中的名相,不杂己意,不引证中土诸师解说,全部摘录于原典

闻乘教者之阶梯指南。"辞典成为学习法相唯识学的利器,深受好评,有着"概念精解"的美誉。

《法相辞典》编成后,由欧阳渐、韩清净两位唯识学大师及周善培为之作序:"由此为依,若于正法及毗奈耶未能如应训释名言者,能正随顺训释名言。未能如理分别诸法体相者,能正随顺分别诸法体相。"洋洋260万言的这部辞典被称为"空前巨构"。

专心于20年的弘法之后,朱芾煌在1942年逝世,享年58岁。韩清净撰文纪念他:"……其聪睿……其少欲……其净信……其精进。……嗟乎!今之学佛能如芾煌居士者,有几人哉!"赞叹与惋惜之情溢于满纸文字之中。

小知识◎朱芾煌与留法学会

1912年,朱芾煌与吴玉章等9人发起组织留法俭学会,积极鼓励、组织青年赴法留学。接着,朱芾煌又与吴玉章等人发起组织四川留法学会。"拟兴苦学之风,广辟留欧学界,欲造成新社会的新国民。"

7年后,重庆商会会长汪云松在重庆筹办留法勤工俭学预备学校,因缺经费而告窘,深知留学之苦的朱芾煌等人为其捐资数万元,使预备学校得以正式成立。四川赴法学生中多人后来成为专家学者或革命者,如邓小平、陈毅、聂荣臻、赵世炎、刘伯坚、何鲁等人。

夏丏尊

1912年民国甫创,民主之风初开,社会上传来实行要普选议员的消息。浙江上虞有一位无意于政治的文士夏勉旃,为了避免当选为议员,就在选民册上把自己的名字"勉旃"改为读音相近的"丏尊",好让人把"丏"字误写成"丐"字,变成废票。结果普选没有举行,而"夏丏尊"之名此后却为世人所熟知了。

三学三辍 一师执教

夏丏尊(1886~1946年),名铸,字勉旃,号闷庵,笔名默之,浙江上虞人。夏家祖上经商,夏丏尊的父亲是位秀才,当祖父去世后,家道开始衰落。夏丏尊幼年就学于塾师,熟读儒书,性灵聪慧,16岁考中秀才,然而第二年清政府废除了八股取士,他读书进仕的人生梦想也只好就此打住。

科举无望的夏丏尊来到了上海,进入上海中西书院读书,后又改入绍兴府学堂就读,接着他又借款东渡来到日本留学,并考进了东京高等工业学校,但这3次入学,或

夏丏尊像
一生"教育编著各得半数"的夏丏尊,虽不是信徒,但"与佛教却从四十左右发生较为亲密的关系",据回忆他也是上海一佛教团体的理事之一

由于家贫，或因申请不到官费而无力维继，终都只能中途辍学。

1907年，夏丏尊辍学回到国内后，应聘于浙江两级师范学堂，任日籍教师中桐确太郎的翻译助教。不久，学堂改为浙江省立第一师范学校，他便充任为国文教师。开始担任教职的夏丏尊一面努力于自己修养的提高，研读教育的论著，探寻宋元明的性理；一面又找来了许多关于青年研究的资料来修习。

辛亥之后，第一师范来了一位开明的校长：经亨颐。他眼界开阔、目光长远，强调德、智、体、美全面发展，注意多方面培养和陶冶学生的人格。夏丏尊在经亨颐的治校影响下，教学之余自告奋勇地兼任了舍监一职。他对学生既严格要求又关怀备至，被学生称为"妈妈的爱"。

一生一友　情淡如水

浙江第一师范既然来了经亨颐这样思想开明的校长，才艺绝伦、"二十文章惊海内"的李叔同的加入几乎也就是必然的事情了。

在第一师范与李叔同的相识，使夏丏尊备感荣幸。常一起吟诗唱和的两个人在第一师范共事了7年，结下了深厚的手足之谊。夏丏尊曾说："在这所学校里，李叔同的一言一行，随时都给我以启诱。"夏丏尊"受弘一师的感动极大，简直信仰弘一师"。

李叔同的出家，虽缘于他自己的发心，但外缘与夏丏尊是不可分的。1913年，有一次两人在湖心亭品茶，夏丏尊说："像我们这种人出家做和尚倒是很好的。"话语虽然平淡，但给了李叔同很深的感触，成为"出家的一个远因"。

1918年，李叔同到虎跑正式落发出家为僧，他出家后曾对别人说："我的出家，一大半由于这位居士（夏丏尊）的助缘，此恩永不能忘。"据朱自清回忆，夏丏尊那时也认真地考虑过出家，但到底还是没有出家。

李叔同像

自好友出家后,夏丏尊每每自责,并因弘一法师的鼓励,开始亲近佛典,才知因缘的不可思议,也明白了李叔同的出家与弘法都是夙愿使然。李叔同(1880~1942年),祖籍浙江,法名演音,号弘一,晚号晚晴老人;是中国话剧的开拓者之一,在音乐、书法、绘画和戏剧方面,都颇有造诣

挚友出家后,夏丏尊在弘一法师(李叔同法号弘一)的督促鼓励下,也于1921年皈依了佛教。两人一生始终保持着坦荡的君子之交。弘一法师在泉州圆寂前,给夏丏尊留下了一首遗偈:"君子之交,其淡如水。执象而求,咫尺千里。问余何适?廓尔忘言。华枝春满,天心月圆。"

春晖开明　魂归象山

1920年,第一师范发生了"倒经风潮",夏丏尊等人与校长经亨颐均辞校而去。第二年,经亨颐在家乡上虞创办了春晖中学,在白马湖畔营造了一个自由宽松的教育环境。夏丏尊也应邀返乡来到了这里任教,在春晖中学,他度过了4年平淡而充实的时光。

4年后,夏丏尊离开春晖中学来到上海,在那里直至逝世,他都一直担任开明书店的编辑工作,对教育和出版事业作出了积极的贡献。

1926年，夏丏尊翻译的《爱的教育》在开明书店出版了单行本后，颇享盛誉，朱自清在《教育家的夏丏尊先生》一文中写道："他（夏丏尊）读《爱的教育》，曾经流了好多泪，是抱着佛教徒了愿的精神再动笔的，从这件事上可以见出他将教育和宗教打成一片。"

夏丏尊学佛以后，戒除荤酒，曾积极从事整理佛教文献的工作。1941年，夏丏尊还翻译日传的《本生经》，经过数年的努力，先后译出20多种流传于世。笃信佛法的夏丏尊常念观世音名号，以祈求解脱苦难。晚年又改信净土，专念阿弥陀佛名号，旨在往生西方极乐世界。

1946年4月，夏丏尊在忧愤中病逝，归葬于白马湖畔的象山之麓，又回到了他梦萦魂牵"教惟以爱，众归如春"的春晖中学。

小知识◎夏丏尊的对联

一次，钱君匋和索非几个人闲谈着对联，钱君匋说起以前一副理发店的对联："虽为毫末生意，却是顶上功夫。"众人听了说写得有意思，这时夏丏尊也来凑热闹说："我以前也拟过一副对联作为自况，联语是7个字一句。即是：命苦不如趁早死，家贫无奈做先生。"辛酸诙谐，令人捧腹。

夏丏尊在白马湖的房门上，曾经贴出过一副对联：青山当户，白眼看人；大门上又贴一副对联云：这般世界，如此江山；农场又贴对联云：天高皇帝远，人少畜生多。诙谐中可见对世态之深深感触。

吕澂

1914年,欧阳渐、吕澂师徒二人相识,结下了深厚的情谊。吕澂投师时,曾献一纸条称:自愿终身不离师门。一次脾气刚烈的欧阳渐发火,吕澂无法承受,谢师求去。不久,生活乏人照顾的欧阳渐病重,思及尚存吕澂的那张纸条,令人通知吕澂亲自取回。吕澄得信后,即刻赶回江津,投地跪于欧阳渐足下,从此未再离师门一步,师徒共处30余年之久。

以美评世　缘文获职

吕澂(1896~1989年),原名吕渭,字秋逸,又作秋一、秋子、鹫子,江苏丹阳人。吕澂自幼入丹阳初等及高等小学读书,毕业于镇江中学。在其后的两年里,吕澂两次考入常州与南京不同的高校,皆因停办迁

吕澂像
从杨文会刻经到吕澂离世的一百年,中国佛教发生了前所未有的大变化。吕澂作为推动这一变革的第三代,"继往圣之绝学,为法门之重镇"

址而肄业辍学。

1914年,常到金陵刻经处听经、购书的吕澂结识了欧阳渐。这年冬天,欧阳渐创办了金陵刻经处研究部,吕澂即入部专攻习学,兼点校刻稿。在研究部两年后,因吕澂家人觉其前途无望而促其归乡,于是吕澂筹划东渡又来到了日本留学学习美术美育。1918年,留日学生因爱国运动决议全体离日,吕澂随众回国,来到了徐州十中教书。

受到新文化思想的影响,教习美术的吕澂曾致信时任《新青年》杂志主编的陈独秀,批评了当时美术中传统画与西洋画的倾向弊端,大声疾呼要进行美术革命,希望《新青年》杂志能展开美术革命的讨论。陈独秀为此刊发了《美术革命——答吕澂》一文,认真作了回应。由此文章的缘故,1920年,吕澂来到上海美术专科学校担任起学校的教务主任一职。

陈望道在《美学纲要》一文中曾评说:"国人研究美学者很少,除蔡元培外,尚有吕澂,算于美学还有研究。"在美术美育方面,吕澂总共出版了《西洋美术史》等6本著作。

襄创内院　因编而学

就在吕澂不断地发表其美术美学文章时,欧阳渐也在金陵刻经处积极筹备他的支那内学院,以吕澂曾在刻经处从学之因,邀约他回到了金陵刻经处。

吕澂应邀回到刻经处后,协助欧阳渐筹备支那内学院,由此开始了他一生70年的佛学研究生涯。支那内学院创立之初,极端困窘,吕澂曾随欧阳渐南下北上,向当时的云南督军唐继尧、北京政府的铁路督办蒯若木化缘募捐。

支那内学院创立之时,学人毕集,极一时之盛。汤用彤、聂耦耕、邱晞明、景昌极等才俊均在院任教,一时支那内学院声誉鹊起,成为国内有名的佛学研究中心,其中欧阳渐的弟子吕澂、王恩洋两人尤为重要。

创办还未及5年,支那内学院因战火被迫停办,在其后的10年里,吕澂协助欧阳渐完成了《藏要》一书的编辑,他曾自认为自己的佛学研究水平就是在编纂《藏要》过程中逐步得到提高的。

笃志精勤、超敏慎密的吕澂,被欧阳大师比作世尊高足中智慧第一的舍利弗,以鹙子相呼。1936年,国立中央大学曾以高薪聘请吕澂担任哲学系主任,被他婉言谢绝。

主持蜀院　高山仰止

1937年抗战爆发,支那内学院被迫迁到江津,年近七旬的欧阳渐将所有的院务交给了吕澂处理,吕澂边承担着院务,边集中心力于佛典校勘研究和佛学教育。他校勘了一大批梵藏文原典,又完成了《印度佛学源流略论》、《中国佛学源流略论》、《杂阿含经刊定记》等重要佛学著作和论文。

入川6年后,欧阳大师因病逝世,吕澂继承起欧阳渐的遗志,在艰苦的情况下支撑着内学院蜀院的续办。他聚众讲学,直至1952年内学院自行停办,这一创立30余年的佛学研究机构才宣告结束。

新中国成立后,吕澂还做了不少佛学的学术研究,在20世纪50年代为斯里兰卡纪念佛诞而编写佛教百科全书的过程中,他详加审阅批改,还亲自撰写近20篇,得到学术界的一致好评。60年代初,吕澂曾计划编印一部水平最高的《大藏经》,经历3年方才修订完善好目录,可惜因爆发"文革"而只得中止。

吕澂的研究成果之丰硕,是同时代人皆难以与之比较的。数十年如一日的默默耕耘使得他在佛学之海中探得骊珠,也造就了他一代佛学大师的地位与风范。

1989年,吕澂这位半生璀璨、半生落寞的佛学大师,以93岁的高龄谢世。

小知识◎吕澂与美术美育

吕澂投身于美术和佛学,都是受吕凤子的影响,他还曾在吕凤子创办的正则艺专担任过美术教师和校董。

吕澂留学日本,研习的是美学理论和美术史,后来他在美专担任了教务长,主讲的便是《美学概论》和《西洋美术史》两课。当时吕澂还兼任了多处的美术史论讲师,曾与丰子恺共事,后来他才"放弃这一方面的研究,不再写作",虽然放弃了美术,吕澂还是曾于1948年7月,到正则艺专开讲了两次《佛教美术》。

《四阿罗汉图》
吕凤子在国画艺术和教育方面,都取得了杰出的成就。他的仕女、佛像人物,造型古拙,线条流畅,生动传神,卓然一家

王恩洋

1923年，在欧阳渐的支那内学院和太虚的武昌佛学院之间，曾经有过一次佛学论争，引起论争的是欧阳渐的弟子王恩洋的一篇文章。若干年后，太虚大师的《法相唯识学概论》印行出版，为之作序的赫然就有昔日那位论争对手王恩洋。太虚对其在唯识之研究则推崇有加，因为他的唯识学识之深已为学人所公认。

翩翩蜀鹤　南北勤飞

王恩洋（1897～1964年），字化中，四川南充人。王家世代以耕读为业，父亲王思敏初为塾师，后从商，正直诚信，被推为族长。幼年的王恩洋接受着传统教育，7岁进私塾念书，17岁考入南充中学堂。他课余喜好阅读宋明理学书籍，也接触了一些佛教经书。到了20岁时，王恩洋自己创办私塾，以教习子弟为业。

1919年，王恩洋来到北京，在投考北京高等师范落榜后，他来到北京大学的哲学系旁听。在北大这里，王恩洋遇到了一位重要的引路人：梁漱溟。1921年，梁漱溟在北大开讲《唯识述义》和《印度哲学概论》，出于讲课和研究的需要，梁漱溟成立了一个印度哲学图书室，他让王恩洋来管理图书室。王恩洋便有了

修禅中的王恩洋
王恩洋一生从事佛学研究与教学著述，"为欧氏支那内学院之一大法将"，欧阳渐曾评价他说："化中盖以导俗绳众为归竟也。"王恩洋在学术上儒佛兼宗、精研唯识。以研究佛学为业的他同样也勤于践行，早晚坚持礼佛，并常常静坐修禅

极便利的机会广泛阅读法相唯识诸书；在这里，他第一次读到了欧阳渐的《瑜伽师地论序》，心底深深钦服。

梁漱溟在讲课时，对欧阳渐极为推崇；而这一时候，远在千里之外，已届天命之年的欧阳先生正在南京筹办支那内学院。一次，王恩洋在读书时碰到了问题，他便向梁漱溟请教，梁漱溟回答不出来，明确告诉他："汝往南京问欧阳先生可也。"王恩洋听了深为梁漱溟的坦荡磊落而感动。

顶礼欧阳　终成大器

不久，王恩洋的父亲从老家来信，告诉儿子已无力负担其在北京的读书费用，让他及早作回来的打算。但此时王恩洋连回家的路费也没有，在同窗王伯安的帮助下，他计划南下为公做教育调查再行返川。

王恩洋到山东济南的时候，拜访了正在讲学的梁漱溟先生，梁漱溟便介绍他到南京去向欧阳渐学习。到了南京后，王恩洋尚没有作留下的打算，他持着梁漱溟和黄树因二人写的介绍信向欧阳渐提出了5个佛学上的疑问，欧阳渐看到了王恩洋的问题后，很赞许，并为他作了答复。王恩洋得到了欧阳渐的解答，更得到了他的嘉许，"余即本先年学儒之志以学佛，遂北面顶礼欧阳大师，心悦诚服，为其弟子。并决意留住，不更他往"。王恩洋遂留在了支那内学院。

王恩洋开始在支那内学院中全力钻研佛学，他遍读重要典籍，整理讲稿，撰写论文。1925年，支那内学院增设"法相大学特科"，由他担任主任兼教授，讲授唯识通论、成立唯识义及佛学概论。为了教学的需要，王恩洋还自编讲义《佛学概论》，深为佛教界所赞许。

广演慈悲　饶益川人

1927年,返川后的王恩洋,讲学与著述并重,他在南充设龟山书房,授徒自给,并反复研读《瑜伽师地论》,写出了大量的佛学著作,有《摄大乘论疏》、《唯识论疏》、《阿毗达磨杂集论疏》、《唯识通论》、《八识规矩颂释》及《佛学通论》等200余篇(部)。1930年后,他应邀在成都佛学社讲唯识,后又赴四川内江创办东方佛学院,讲授儒学和佛学。

1937年,抗战爆发,支那内学院迁到四川江津,建立内学院蜀院,王恩洋除因父母病重的两年外,几乎每年都要去江津拜望业师欧阳渐几次,对支那内学院尽力支援,学术界颇因此称赞其德。1943年欧阳渐逝世,王恩洋赶赴江津奔师丧,支那内学院门人开会,推吕澂继任院长、王恩洋任理事,其后他从各方面支持学院及吕澂。新中国成立后,王恩洋被聘为四川省政协委员及文史馆员;1957年又受聘为北京中国佛学院教授;1964年病逝,享年68岁。

王恩洋生平学兼内外,于内学则一生专精于法相唯识,其唯识学术造诣在支那内学院中,欧阳渐大师之下为第一人。

小知识◎王恩洋的护持黄联科

黄联科(1895~1975年),福建同安人,南洋华侨。1925年,王恩洋的讲稿《佛学概论》刊印后,引起了相当大的影响。时侨居南洋的黄联科在读了此书后获得心灵解脱,遂成为王恩洋学说事业上的护持人。此后王恩洋的出书和兴学活动,多有赖于黄联科的经济资助。

在20世纪30年代的前后几年间，王恩洋家中经济情况异常困窘，大部分开支经费等皆由黄联科资助。1947年，当王恩洋获悉黄联科已倾家荡产、日食维艰时，多方张罗凑得数千元汇给黄联科作以回报。遗憾的是，这两位定交长达30多年的"子期伯牙"，终生竟未见一面。

丰子恺

江浙历来多出才人骚客，民国时就有那么一位，他叫丰子恺。他或用画笔，绘以朴实而隽永的漫画；或以钢笔，写就淡泊而清幽的散文。随意草草的笔触，恬静含蓄的语气，丰子恺躲在自己的一份宁静里，以古诗意境、以儿童生活、以社会百态，搭建了一座沟通文学与绘画的桥梁。

丰子恺像
丰子恺，这位著名的画家、美术教育家、散文家和翻译家，留给后人的表情亦如他的画风一般：率意、淡泊与恬静

悲悯入世　更得良师

丰子恺（1898～1975年），原名丰润，后改名仁，号子恺，字仁，法号婴行，浙江桐乡人。丰子恺的父亲丰璜，曾中过举人，长于诗文，可惜在丰子恺9岁时便已离世。

由于是家中唯一的男孩子，所以家人对丰子恺疼爱有加。母亲及6个姐姐的疼惜怜爱使他自小便被包围在脉脉的温情中，这种温情浸染了他一生，形成了日后平易的文风和纯仁的画风。

丰子恺自幼随父读私塾，喜好绘画。1914秋，他报考嘉兴甲种商校、嘉兴第一中学和浙江省立第一师范学校，结果分别以第一、第八和第三名的成绩被同时录取，丰子恺选择了到浙江省立第一师范学校就学。在浙江一师这里，勤奋用功的丰子恺，深得教师们器重。国文教师单不庵为他取字"子恺"，从此他便弃用"丰润"的学名而沿用了"丰子恺"这个名字。

在浙江一师的5年里，丰子恺结识了对他一生产生重大影响的两位老师——李叔同和夏丏尊。李叔同先生教他图画、音乐，发现他的才能，鼓励他向绘画方面发展；夏丏尊负责国文课的教学，更提倡人格和爱心的教育完善，对他既严格要求又关怀备至。在与这两位老师的深厚情谊中，丰子恺找到了伴随他一生的三样东西——文学、绘画和音乐。

扶桑妙手　为启灵智

浙江一师毕业后，22岁的丰子恺与刘质平等人创办了中国第一所包括图画、音乐、手工艺各科的艺术师范——上海专科师范学校，他任教西洋美术。

1921年的春天，丰子恺东渡来到日本学习西洋画，他像一个饥渴的人忽然赶上了一场盛宴，在日本如饥似渴地汲取各种艺术养份：先在川端洋画学校学习西洋画，同时兼学日文、英文和音乐，还进修德、法、俄语并创作散文。只要一有机会，他就去日本各地参观游览，东京、西京、横滨等地的画展、音乐会、歌剧场、旧书铺、图书馆，都留下了他的足迹。

一个偶然的机会，丰子恺在东京的旧书摊上看到了一本毛笔速写画册《梦二画集·春之卷》，他被其简练洗净的风格与不可思议的艺

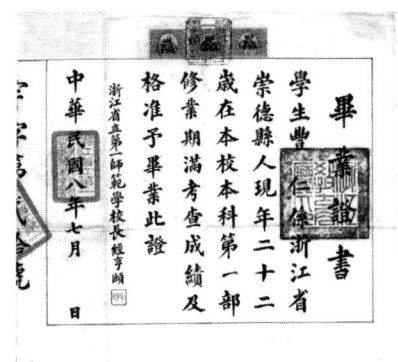

丰子恺的毕业证
1919年，丰子恺毕业于浙江省立第一师范学校

术魅力深深吸引，对梦二画风的吸收形成了自己日后的典型风格。在度过充实又仓促的10个月后，丰子恺于1921年底回到国内。

又过了4年，在上海的《文学周报》上，连续出现了一批平实率真而意境悠远的绘画作品，这正是丰子恺的杰作。这些画作被主编郑振铎结集命名为《子恺漫画》并出版，是中国的第一本漫画集，自此中国始有"漫画"一词。

护生戒杀　佳作名世

1928年，丰子恺与刘质平、周承德、夏丏尊等人，在上虞白马湖附近为弘一法师买了一块地造屋，这就是为后人所熟知的晚晴山房。原来就在一年前，丰子恺30岁生日的那天，他已正式皈依弘一法师，茹素戒酒，成了一名居士。

丰子恺信奉佛教后，积极地宣扬佛家"戒杀护生"的思想。他为了庆贺弘一法师寿辰，创作了50幅戒杀护生画致赠祝寿，弘一大师为这些作品配写了50首诗，由李圆净撰义《护生痛言》，交付开明书店出版，这就是《护生画集》的初集本。

时光荏苒，10年后的春天，丰子恺又为弘一法师60寿辰绘制了千尊佛像，并续作护生画60幅。弘一法师收到画集后，致函约他每10年为自己作一本画集，直至百岁六集。当弘一法师圆寂后，丰子恺一直信守着这份承诺，继续创作《护生画集》。在弘一法师离世30年后，他终于提前完成了《护生画集》的第6集。

这套根据佛教思想创作的《护生画集》,结合文学与绘画的形式,彰显了佛教慈悲护生的心怀、与人为善的精神,成为近代佛家的一部艺术杰作,因读《护生画集》而弃杀茹素者,不知凡几。

在画集创作完成的两年后,这位卓有成就的文艺大师于1975年郁郁离世。

小知识◎《护生画集》

《护生画集》缘起于1927年。当时丰子恺先生在上海江湾的家里,接待弘一法师。丰子恺与弘一法师、李圆净三人商议编写《护生画集》。弘一法师拟定《护生画集》的创作主张是"盖以艺术作方便,人道主义为宗旨"。

《护生画集》全套六集,由丰子恺先生作画,第一、二集的文字为弘一法师撰写,第三集为叶恭绰题写,朱幼兰、虞愚分别书写了第四、六集和第五集。《护生画集》创作过程长达46年,在佛教界、文艺界和广大读者中广泛流传,影响深远,是一部不可多得的文化精品。

《护生画集》
此图选自丰子恺先生创作的《护生画集》第五集

2. 研究学者

除了茹素皈依信佛的那些居士们之外,民初以来,还有一大批学者也为佛教的复兴起了推波助澜的作用,如章太炎、梁启超、梁漱溟、汤用彤、熊十力等人,他们与佛教文化的关系非常紧密,或以研究佛学为专长,或以学者身份讲佛学于高校,使佛学在学术界成为显学而大放异彩。

章太炎

近代史上,章太炎是一个伟大而又有倔强个性的人物,他一生在学术上积极讲学,著作等身,又"政治是其专长,学问文艺只是失意时的消遣";政治上排满反清,遭捕7次、幽禁3年,与孙中山几次分合,孙中山尊称他为"革命先觉,民国伟人"。他则

章太炎像

章太炎出身于书香世家。在他这一辈人中,他的两个兄长都是举人。章太炎如果沿着科举这条路继续走下去,结果可能是章家出了3个举人,而中国则少了一个革命与文化巨匠

自称:"所以古来有大学问成大事业的,必得有神经病才能做到。"是故人又称他为"章疯子"。

因祸得福　改径经学

章太炎(1869~1936年),初名学乘,字枚叔,后改名炳麟,投身反清革命后又改名为章绛,字太炎。浙江余杭人。他在5岁那年接受启蒙教育,8岁时在外祖父的传授下开始读经,接着又由父亲亲授律诗和八股文,这种死板的传统教育整整折磨了少年章太炎长达10年之久。

15岁那年,按规矩章太炎要到县城去参加科举考试,可出发的前夕,他却突然发起了癫痫,可算是因祸得福。这次癫痫的发作让他的父亲决定放弃儿子再走上科举这条路。

多年以后,章太炎在回忆这一段往事时曾说:少年十四五岁的时候被迫作八股文,自己很不喜欢,所喜欢的是《史记》、《汉书》中那些意气风发的论述,但以八股形式来作这种文章,却又画虎不成。

1883年,章太炎走上了"经学"学术之路。藏书5000卷的章家是个书香世家,家训希望子女们"精研经训,博通史书",于是章太炎开始遍览先秦两汉、诸子百家的经籍,并覃思忧虑于国家与民生。

读经的时间未久,经兄长章箓指点,章太炎认识到,"不明训诂,不能治《史》、《汉》",因此首先必须着力于文字音韵。就这样,章太炎一生在小学、经史、诸子、文学等方面都取得了卓越的成就。

身陷囹圄　因囚习佛

早年的章太炎并未对佛学产生兴趣,但受"中年颇好禅学"的父亲章浚、习佛的杭州朋友宋恕,以及常日讼经拜佛的一代名师俞樾等人的熏陶影响，章太炎渐渐了解了佛法大义，开始接触佛法。

1903年，35岁的章太炎因"《苏报》案"而身陷囹圄。在狱中，他静心阅读佛教典籍，这便促使他向佛学迈出了关键性的一步，章太炎在狱中"专修慈氏世亲之书"，"晨夜研诵《瑜伽师地论》"等大乘经论，最后"乃悟大乘法义"。

3年后，出了狱的章太炎东渡日本。在东京留学生的一次欢迎会上，他发表演讲，提出"以佛教助革命"。佛教中那种"自贵其心，不援鬼神"的精神，能激励人们"勇猛无畏"的斗志，即以佛法来充实和改良革命道德与凝聚力；佛教"依自不依他"的精神，能树立国人的自信以自强自立，即以佛法的信仰来增添革命的信心与勇气；提倡佛学，还可以增强道德观念，团结社会各阶层，改变社会一盘散沙的状态。

为了更多了解佛教乃至印度诸教，章太炎曾约周作人一起请印度梵师赴日讲解梵文，以便直接阅读梵文经书，他甚至还打算去印度出家为僧。

再拘京师　回真向俗

1913年3月，中华佛教总会在上海召开了第一次联合大会，章太炎与孙毓筠、熊希龄3人被共推为名誉会长。恰逢此时，宋教仁被刺。倡民主反专制的章太炎北上京师，大闹总统府，结果被袁世凯幽禁于龙泉寺，失去自由的章太炎只好再次研读佛经以求解脱，多次嘱咐家人将他多年搜集的佛法典籍送往北京。

两次被拘而两次习佛，在对《瑜伽师地论》、《唯识撰要》等经典的研究基础上，幽禁中的章太炎著成了《菿汉微言》一书。这部哲学论集中，在佛教方面有大半的篇幅论述了唯识宗的哲理，并与孔、庄思想进行互相参证。作为20世纪最杰出的国学大师，章太炎也在《菿汉微言》一书中对自己的学术做了一个概括，认为"自揣平生学术，始则转俗成真，终乃回真向俗"。

章太炎的半生学佛与他跟众多大德居士的交往也有着一定的关系。他跟杨文会、欧阳渐、王一亭、唐大圆、熊十力等居士均有相互往来，直接受到他们的熏染，并与这些居士们留下了许多讨论佛法的书函。

1936年，居于苏州的章太炎因病离世，好友欧阳渐曾写挽联云：

一木难支，烈士暮年唯讲学；百忧尚寐，桐江汉鼎孰垂纶。

小知识◎章太炎与"《苏报》案"

"《苏报》案"是晚清著名的政治案件，1903年，章太炎与来自四川的邹容分别写出轰动全国的《驳康有为论革命书》和《革命军》。接着，《苏报》连续发表二书评价、书摘和一系列宣扬革命的文章，大骂清政府，高呼革命为神圣"宝物"，要求建立资产阶级"中华共和国"。

清政府深为恐慌，很快勾结上海租界当局封闭了《苏报》报馆，并逮捕了章、容二人，第二年宣判：邹容监禁2年，章太炎监禁3年，罚做苦工，限满开释，驱逐出境。但不幸的是，邹容在出狱前被折磨致死，章太炎则刑满释放。

北京龙泉寺
章太炎被囚在龙泉寺时曾绝食求死,袁世凯请王揖堂前去劝说,王揖堂将袁世凯比作曹操,把章太炎比作祢衡,让章太炎不要中了袁世凯不杀而自绝的诡计,终于劝服章太炎停止了绝食

梁启超

1918年底,梁启超与蒋百里等结伴游历欧洲,经过一年多时间游遍了欧洲主要国家。归国后蒋百里写成了《欧洲文艺复兴史》。请梁启超为其作序,梁启超阅后大为赞赏,写了5万字的一篇长序,竟与原书字数相等。他又觉不妥,只好另作了一篇440字的短序,而将长序取名《清代学术概论》,单独出版,反过来又请蒋百里为该书作序,一时传为佳话。

万木草堂 秀林之木

梁启超(1873～1929年),字卓如,一字任甫,号任公、饮冰子、饮冰室主人,广东新会人。祖上"且耕且读,不问世事,如桃源中人",父亲是乡里的塾师,梁启超"八岁学为文,九岁能缀千言",12岁中得秀才,17岁时在广东乡试中又以第八名考取举人。

19岁这年,梁启超来到广州长兴里万木草堂,开始师事康有为,并投身于政治改良运动。梁启超师从康有为,不仅是他从政生涯的开始,而且也是他进入学问殿堂的起点。他曾说过:"启超之学,实无一字不出于南海。"在万木草堂那里,康有为"以孔学、佛学、宋明学为体,以史学、西学为用,激励气节,发扬精神,广求智慧"。

梁启超像

梁启超,这位近代最杰出的思想启蒙家,胡适曾予以高度评价:"为吾国革命第一大功臣,其功在革新吾国之思想界。'文字收功日,全球革命时',此二语唯梁氏可以当之无愧。"

年轻的梁启超就这样开始初次接触了佛学，但"佛学之精粤博大，余夙根浅薄，不能多所受"，可见佛教对他的影响还未深入。

1895年春夏，梁启超除了为公车上书、强学会创办而奔走外，他又转赴上海筹办《时务报》。在沪上期间，梁启超与一批学佛的朋友相互交往，他被这些朋友带动，阅读了很多佛典，相互讨论佛学问题，并还习读小乘的佛典及律论，用来规戒生活，修炼心性。

3年后，随着那场著名的维新变法失败，梁启超与康有为都流亡到了日本。

顺应世势　拒收不义

远走东瀛后的梁启超，开始与康有为愈走愈远。康有为曾自称："吾学三十已成，此后不复有进，亦不必求进。"所以他在政治上后半生一直坚持君主立宪；而梁启超则不同，在民主革命的历史洪流中，他的政治主张从改良到革命、由君主立宪到又接受了共和政治，他的名言是："不惜以今日之我，难昔日之我。"

流亡日本时，梁启超先后主编过《清议报》和《新民丛报》，又撰写了《戊戌政变记》和《光绪圣德记》等文章，既对戊戌变法进行了总结，又透露出对自上而下改良的幻想，但在资产阶级革命风潮的影响下，梁启超开始与孙中山等革命党人密切往来，甚至有了合作组党的计划。

辛亥革命成功后，梁启超坚决地站在了民主共和一边。当袁世凯窃国后，梁启超组织了进步党，意欲监督和限权袁世凯；袁世凯意图复辟帝制，梁启超写下了《异哉所谓国体问题者》一文进行揭露批驳，袁世凯以20万元的银票利诱，但梁启超却不为所动，毅然发表见报。

1917年，段祺瑞内阁下台，作为内阁成员的梁启超谢绝挽留，也

《清议报》

《清议报》于1898年12月23日创办于日本横滨,是戊戌政变后保皇会在海外办的第一个机关报。旬刊,设《论说》、《名家著述》、《文苑》、《外论汇译》、《纪事》、《群报撷华》等栏目。梁启超任主编,以"主持清议,开发民智"为宗旨,大量介绍西方资产阶级政治学说,影响尤为广远。后因火灾于1901年12月21日停刊,共出100期。

辞去了财政总长一职,从此逐渐退出了政坛,专心从事于学术活动。

撰著佛史　归心法海

转入学界的梁启超,先后担任过清华、南开等大学的教授和清华(国学)研究院导师,在学术上著作等身,建树甚多。

他在游历欧洲回国后,更多地转向了对佛教的关注。1922年,梁启超在南京曾定期到支那内学院听欧阳渐讲唯识法相学,"听欧阳竟无讲唯识,方知有真佛学"。在其后的几年里,梁启超陆续写出了一批研究佛学的学术著作,涉及中国佛学史的沿革、佛经的翻译和传播、佛学理论等许多方面。如《中国佛法兴衰沿革说略》、《佛教教理在中国之发展》等论著，后来这些著述被汇集为《佛学研究十八篇》一书。

梁启超除了在思想上经常对人宣讲"我笃信佛教"外，他还劝导青年也去相信、研究佛教。连他妻子也受到影响，临死前在"病中忽皈依佛法，没前九日，命儿辈为诵《法华》"。在其妻子亡故后，"葬前在广惠寺作佛事三日"，还要在亡妻墓前立一小碑，一切"赞善浮辞悉不用"，只要在"碑顶能刻一佛像"。可见这时的梁启超确实是想从佛法中找他的安心立命之所了。

1929年1月，这位散发出闪亮光芒的历史人物因病过早离世，终年57岁。

小知识◎梁启超的逃亡脱险

1898年9月变法失败后，梁启超来到日本使馆寻求庇护。正在使馆办公的日本前首相伊藤博文说："救他吧！而且，让他逃到日本去吧！到了日本，我帮助他。梁这青年对于中国是珍贵的灵魂啊！"

第二天，梁启超在伊藤博文的随从护送下来到天津，再由天津领事郑永昌陪同乘小船前往大沽搭乘日本商船。但开船不久即遭到清政府汽艇的跟踪，要求盘查朝廷要犯。时值日本军舰正停泊在塘沽，郑永昌立即发信号引来军舰，并将梁启超送上军舰驶往日本。梁启超从此开始了14年的海外流亡生涯。

汤用彤

1931年夏,汤用彤来到了北大任教,一开始落落寡合,只与同来的钱穆常相往来,两人也由此成了一生难得的至交。后来,北大的一批学人在平常聚会时,熊十力、蒙文通等人常就佛学、理学、政治等争论不休,唯独汤用彤"每沉默不发一语",钱穆赞其为"柳下惠圣之和者"。或许也正因不喜交游、不好争辩的天性,才助其成为了一代学者大家。

受业清华　留学哈佛

汤用彤(1893~1964年),字锡予,祖籍湖北黄梅,生于甘肃省渭源。父亲汤霖是光绪年间的进士。汤用彤幼年耳濡目染,3岁即能背诵《哀江南》,家人感到孺子可教,于是很早便就学于父亲所设的教馆。

1908年,近16岁的汤用彤离开父亲的教馆,求学于北京顺天学堂,开始接受新式教育,这期间他曾与梁漱溟共读印度哲学与佛教典籍。经过4年的勤学,汤用彤于1912年考入了清华学校。

在清华,汤用彤与吴宓、柳诒徵志趣相投而成为挚友,他们相互督促与切磋。经过5年的学习后,他从清华毕业并考取了官费留美。第二年,汤用彤与吴宓一起,登上了去美国留学的轮船。他先进入明尼苏达州汉姆林大学,后又

汤用彤像
由于精通内外经典,又接受过严格哲学和治学方法的训练,汤用彤终成为近现代"既能熔铸今古,又能会通中西"的国学大师之一

进入了哈佛大学研究院,与陈寅恪同时学习梵文、巴利文及佛学、西方哲学。

1921年,汤用彤的好友吴宓离开哈佛回国后,与梅光迪、刘伯明、柳诒徵等人在东南大学创办了《学衡》杂志,每期必邮寄给尚在哈佛的汤用彤,汤用彤逐渐成了学衡派的一份子。

第二年夏天,汤用彤获得了哈佛大学哲学硕士学位,旋即归国。应东南大学副校长兼哲学系主任刘伯明之聘,他开始担任起东南大学哲学系教授一职。

七朝佛史　四载始成

1931年夏,北京大学文学院院长胡适用庚子赔款的退款,以研究教授名义聘请汤用彤来到北大哲学系任教。这一年,史学家钱穆也来到了北大,两人结为至交,汤用彤与钱穆谈起:自己所授的"两汉魏晋南北朝佛教史"一课,虽有讲义,但心感不满,决心重新撰写佛教史。于是从1933年始,他开始《汉魏两晋南北朝佛教史》一书的撰写,经过近4载的努力,终于完成了此书的定稿。

1937年的正月,《汉魏两晋南北朝佛教史》稿本第一册终于完成,胡适在为汤用彤校阅此书时,极力称赞。次年的元旦,汤用彤于南岳掷钵峰下撰写了《汉魏两晋南北朝佛教史·跋》,跋云:"十余年来,教学南北,尝以中国佛教史授学者。讲义积年,汇成卷帙。……乃以其一部付梓人。"这本传世之作开始由商务印书馆印行面世。

《汉魏两晋南北朝佛教史》一书条理清晰,资料丰富,论述必据事实,为"价值至高的工具与导引"。问世以来,驰誉海内外,成为汤用彤全部著述中影响最为巨大的一部名著。当这部《汉魏两晋南北朝佛教史》获得教育部最高奖励时,他却满脸不高兴,负气嚷嚷:"多少年来都是我给学生打分数,我的书要谁来评奖!"

因友成疴　祸福相依

1948年夏,汤用彤婉拒了哥伦比亚大学讲学之邀,决定回国。

在这一年12月的平津战役中,解放军包围了北京城,北大校长胡适来不及告别即已南下,时任文学院院长的汤用彤也被列为国民政府的"抢救"名单。胡适在离开后曾写信劝其南下,并派人送来两张机票,但汤用彤仍没有选择离开。北大一时没有了校长,就成立了校委会,并推选汤用彤为主席。

3年后,上层开始了对胡适的批判,作为与胡适有密切关系的汤

中华全国教育工作者代表会议筹备委员会代表合影

此照片拍摄于1949年9月在北京召开中国人民政治协商会议第一届全体会议期间,第一排左起第一位为汤用彤。汤用彤在1949年1月始任北京大学校务委员会主席;1951年后任北大副校长;1953年中国科学院成立,兼任历史考古委员会委员;1956年哲学社会科学学部成立,其又任学部委员

用彤自然不能缺席，当时也参加了《人民日报》召开的一个座谈会，这次座谈会让他十分紧张。在回来的当天晚上就发生了脑溢血，昏迷了两三个月。

病情好转之后的汤用彤便不再过问北大的事情，所谓祸福相依，这场大病也让他在思想改造运动中没有遭受太大的冲击。与"人还没死，已先开吊"的陈寅恪相比，与72岁被勒令下跪的老友吴宓相比，汤用彤确实是算幸运的了。

1963年的"五一"晚上，已届古稀之年的汤用彤获邀到天安门城楼观赏焰火，他由周恩来引见，见到了毛泽东，两人寒暄了几句。又是一年后的"五一"，早晨阳光普照，72岁的汤用彤在病榻上喊了一句"'五一节'万岁"后，便溘然长逝。

小知识◎汤用彤与支那内学院

1922年，欧阳渐的支那内学院正式成立时，汤用彤刚刚回国并在东南大学任教职，也正好赶上了听讲欧阳先生的《唯识抉择谈》和《唯识八段十义》。

不久，内学院设立研究部，汤用彤即被聘为研究部导师，与吕澂等人分别指导研究生学习佛学。1923年，31岁的汤用彤在支那内学院里兼任巴利文导师，指导"文典《长阿含游行经》演习"，秋季又讲授"释迦时代之外道"及"金七十论解说"两课题，这些讲义后来都被整理成文收入其《印度佛教史略》一书。

梁漱溟

在"文革"后期的"批林批孔"的运动中,梁漱溟遭到了疯狂的批判,然而当他被征问对批判的认识时,这位老人引述了孔子的名言:"三军可以夺帅也,匹夫不可夺志也。"

或因夙缘　乘愿而来

梁漱溟(1893～1988年),原名焕鼎,字寿铭,又名寿名、瘦民、漱溟,广西桂林人,出生于北京。

梁漱溟出身于一个"世代诗礼仁宦"的家庭,少年时看到身边的家人辛勤劳作,在懵懂中便开始了对人生苦闷与幸福的感悟。稍长,多思的梁漱溟一度崇拜起康有为、梁启超的改良主义思想,还在辛亥革命这年加入了同盟会,开始热衷于政治。第二年,中学毕业的梁漱溟来到《民国报》,做起了编辑兼记者,并首次使用"漱溟"这一笔名。然而记者的职业还没做长,他又辞去了这个职务,开始研读起佛家的典籍来。

对佛教一窍不通的梁漱溟买回了金陵刻经处刊刻的佛经、狄葆贤主编的《佛学丛报》等书刊,由《佛学丛报》着手,边学边钻,竟然渐渐入门,更向家人表示了出家的志向。从1911到1920年,是梁漱溟"志切出

梁漱溟像
作为20世纪著名的哲学家和社会活动家,梁漱溟曾以西方哲学作为背景来阐释古老的唯识学,在文化哲学方面作出了重要的学术贡献

家入山之时",他在晚年还曾讲:自己的前世是一位禅宗和尚。

接触佛学的结果:一是18岁那年,梁漱溟拒绝了父母为其订下的婚事,并从次年开始终身素食。二是通过自学佛学的书籍,大大增进了自习能力。他说自己原只有中学毕业的学历,后来的教书、做学问、办教育,靠的都是自学。

乡建七年　入世之作

1924年,梁漱溟辞职离开待了7年的北大,应邀与熊十力一同来到了山东曹州中学,在那里进行了一场教育改革试验,结果不到半年,曹州办学之举便告失败。在其后的几年里,不甘失败的梁漱溟开始陆续在广东、河南、山东宣传推行他"一生中一桩大事"的"乡治"思想和试验。

梁漱溟的"乡治"思想充满着浓厚的政治理想色彩。"乡治","简言之,即从乡村自治入手,改造旧中国,建立一个新的中国"。为了实现乡治村治,梁漱溟做出了7年的尝试——开展"乡村建设运动"。

1931年,在韩复榘的支持下,梁漱溟把"乡村建设"的试验基地定在了山东邹平,基地训练了1500余人,这些人员被派到乡村进行政治、经济、文化教育全方位建设。经过7年的倡导践行,"乡村建设运动"使得当地乡村的社会秩序、经济文化、民情风习有了积极的变化。但在践行中梁漱溟过分依靠道德伦理来推动,说到底只是一种改良。多年后他在一封信中说:"邹平为我过去致力乡村建设之地——在邹平首尾不满八年,幸承地方父老不弃,而实未能为地方造福,思之歉然。"

随着抗战的全面爆发,梁漱溟的"乡村建设运动"也被迫宣告结束。

儒骨佛心　修持度厄

梁漱溟在57岁那年，礼拜密宗大师贡嘎，接受灌顶，在重庆缙云山上开始了密教的修持。同在这一年，他在重庆迎来了新中国的建立，并在第二年担任起全国政协常委等一系列职务。

政界的政协常委、学界的新儒家、教界的显密兼修者，3个身份共同交织了梁漱溟建国后多舛的命运。

1955年，由于批评当时的农民政策，梁漱溟遭到了政治上的批判，但这时他毁誉全不在心，坚持密教修持，还到西郊八大处读典求益。又过了10年，梁漱溟也没能逃掉"文革"之厄，红卫兵来抄家批斗梁漱溟，把他赶出了卧室席地而睡，白天逼迫他打扫街道厕所。梁漱溟在这种逆境下，撰写出了《儒佛异同论》一文。

可以说，梁漱溟正是把儒家和佛教的思想精神贯于生活中，在灾厄中修持，在修持中著述，思想上的信仰和行为上的修持促使他消释了这些苦难困厄，也促使他一生留下了《究元决疑论》、《印度哲学概论》、《东西文化及其哲学》、《中国文化要义》等一大批论文著作。

1988年6月，95岁的梁漱溟先生弥留之际说的最后一句话是："我累了，我要休息！"之后逝世而去，归葬于他为之付出7年心血的山东邹平黄山。

小知识◎梁漱溟以文得识而执教北大

梁漱溟24岁时，好友黄远生被刺，他深感悲痛，写下了独推佛法的《究元决疑论》。这篇文章被蒋维乔发表在《东方杂志》后，恰好又被蔡元培看到。当梁漱溟经教育总长范源廉的介绍，带着这篇文章慕名去见蔡元培时，蔡元培即约请梁漱溟到北大执教。

第二年，即1917年秋，只有中学学历的梁漱溟便来到了当时中国的最高学府，开始了他的北大生涯。梁漱溟在北大既不属于新派，也算不上旧派，他认为自己是"受当时北大培养、教育的人"，"并非学生而实际受培养者"。

四 近代居士的团体与活动

近代的居士团体大体上可分为研究与修持两类：前者如金陵刻经处等，他们讲经著述弘法、开展学术研究；而后者如各地居士林、莲社等组织，多专注于个人的学佛修持。当然，研究团体里也大有精进修持之人，而修持团体中也不乏参习佛理的大家。

在近代居士团体中，还可以按其专属的特点来划分，如专门弘法净土的上海佛教居士林、上海佛教净业社等，专心唐密的解行精舍、瑜伽学会等，专弘藏密的莲花精舍、粤开佛教居士林等，参修禅宗的维摩精舍等。

居士佛学研究机构和居士修持团体是近代居士佛教的双翼，共同掀起了佛教复兴的浪潮。在岁月的变迁中，虽然很多居士修持团体因天时人事的辗转起伏而停办解散，但这些一个个已然湮灭的居士团体，犹如漫天星光，闪耀在近代的佛教复兴史中。

居士们的活动除了义理研究、功夫修证外，还为社会承担起不少慈善赈灾、扶危济困的责任。他们以悲天悯人的情怀来帮扶众生、关怀社会，凸显了一种弘法利生的菩萨情怀、一种慈悲济世的大乘精神。

1. 居士佛教之研究机构

金陵刻经处

南京延龄巷的金陵刻经处，本为杨文会的私宅，现存主要有深柳堂、祇洹精舍、经版楼、居士墓塔等建筑；占地面积11667平方米，房屋132间，保存着12.5万块经版，多为晚清时期所雕。

同治五年（1866年），杨文会移居南京，久历兵燹的江南，佛教典籍损毁殆尽，杨文会遂与志同道合者募捐集资，创办了金陵刻经处，经营刻经事业。金陵刻经处草创时期，设写手1人，刻手7人，主僧1人，

"金陵刻经处"的匾额
此为欧阳渐所写

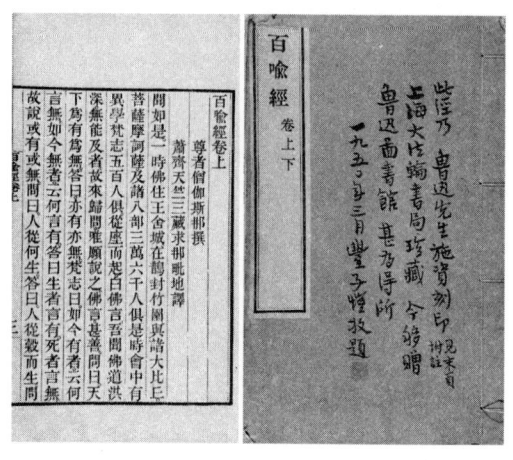

鲁迅所捐刻的《百喻经》

1914年，鲁迅先生买到一本石印本的《百喻经》，特地给金陵刻经处汇来60块银元，刻印一百部为其母祝寿，并以分赠亲友

香火2人。刻经处初设于北极阁，后经几次辗转迁徙，1897年，延龄巷的杨宅最终成了刻经处的永久场所。

刻经处正式成立后，杨文会对各类佛教典籍更是热心搜求，先后从日本和朝鲜等国寻回了《中论疏》、《百论疏》、《唯识述记》、《因明论疏》、《华严三昧章》等约300种国内早已散佚的隋唐佛教著述，加以刻印流布。在杨文会的精心策划下，金陵刻经处还计划刊刻《大藏辑要》，选佛典465种，计3300卷，还印刷了佛像10万余张。

对于佛经刊刻事业，杨文会以严肃的学术态度加以对待。他对所刻经典不但亲自精选和校勘句读，还立下严格的标准：一必刊行者，一可刊行者，一不刊行者。甄定去留，使读者不至迷于所向。又曾于创办之始规定"公议条例"：凡有疑伪者不刻，文义浅俗者不刻，乩坛之书不刻。在这些思想原则的指导下，金陵刻经处的佛经选择精审、校勘严谨、句读准确、刻工精致，均属上乘的佛籍版本。

金陵刻经处既是藏经楼，又是出版机构，还同时肩负了教育传播佛法的使命，是传播中国佛教文化的一块重要高地。故梁启超曾评价说："金陵刻经处是中国近代思想的'伏笔'。"

支那内学院

1922年，欧阳渐筹备4年的支那内学院在南京成立，其宗旨为"阐扬佛学，育材利世"。初设学、事两科，教学、研究、述译、考订等属学科；藏书、刻经、宣传等属事科。后又改设问学、研究两部和学务、事务、编校流通3处。

支那内学院在教育上分中学、大学、研究、游学四级，在开办之初拟设法相、法性、真言三大学，以学理性质划分，囊括中国佛教各

欧阳渐与支那内学院弟子们的合影
1915年3月研究部成员合影，后排左起第三者为欧阳渐

宗派，后因师资与财力所限，仅于1923年成立了法相大学。内学院的毕业生资格等同于普通中学、大学，这是欧阳渐为吸引高素质的考生报考，极力与教育部长章士钊交涉争取来的有利条件。大学本科毕业成绩优异者，经认可派往印度、西藏深造，或留院内事科服务。

在支那内学院的课程设置上，中学部修身与佛学课约占1/3，国文、英文、史地与自然科学课占2/3；大学部与研究部课程重心在法相唯识学，并设各宗要义、因明、律学、佛教心理学、佛教艺术、佛教史及中外哲学、中国古文字、梵、藏、英、日语言文学等。1922到1927年期间，支那内学院着重办学和编刊唐代著述，并出版了年刊《内学》和《杂刊》。

北伐战争后，支那内学院因军队占用而停办，欧阳渐把院务的重点放在整理教典和组织道场上，选择要典，校刊文字，编印了《藏要》第一、二辑。

1937年抗战爆发后，支那内学院师生们在欧阳渐的率领下，由弟子熊训启从中牵线，携带数以万计的经版转移到后方四川江津。在那里，他们受到当地人捐地捐钱的大力支持，建起院舍30余间，于1938年正月初七正式恢复院务，又称为蜀院。

1940年，支那内学院曾发起编印《精刻大藏经》的活动，3年后欧阳渐病故，由吕澂继续主持支那内学院院务。抗战结束后，支那内学院曾谋求在南京复院而未成，举步维艰，直至1952年秋停办。院内所藏的手稿资料、文物经版等一并都移交给了金陵刻经处保管。

支那内学院创办的30年间，走出了吕澂、汤用彤、熊十力等一代学术大师，王恩洋、姚柏年、梁启超、梁漱溟、陈铭枢等也先后在这里深造，在院从学研究过佛教的学生、学者以百千计，成为20世纪前半叶中国佛学研究的主要基地。

2．居士佛教之修持团体

世界佛教居士林

位于上海的世界佛教居士林在各地的居士团体中，规模最大，存在时间也最长。它的前身是1918年成立的上海佛教居士林，后来居士林分裂为上海佛教净业社和上海世界佛教居士林，1922年8月，世界佛教居士林正式成立。"世界"是根据佛教竖穷三际，横遍十方之义，并非要办成世界性、国际性的居士团体。

世界佛教居士林成立后，于1925年开始劝募，在闸北购买1000多平方米土地，开建新林。1926年佛诞日举行新林落成典礼，周舜钦、施省之、王一亭、范古农等人陆续担任过居士林的林长。

世界佛教居士林作为一个弘扬佛法的居士团体，它的组织架构中设有四大系：弘化系、利济系、事务系、修习系。主要从事发行林刊、出版佛经典籍、开展通俗讲演、创办学校以及其他各种慈善活动。

创办义务小学　1927年春，世界佛教居士林创办了第一义务小学，以教育启发儿童身心，培养国民道德，授以实用技能，俾得服务社会，循序升学为宗旨。学费一概免收，故称为义务小学。

出版书籍与林刊 居士林曾刊印了不少通俗的佛学书籍，丁福保出任出版部的负责人，居士林拥有上海最大的佛教书店。所创办的林刊从1923年创刊起到1937年停刊，前后共出版了43期。

建立佛学图书馆 为了方便林友的佛学素养提高，居士林建立了自己的图书馆以供林友阅览。到1936年为止，馆藏多版《大藏经》，总数超过万册。

组织研究会 1926年居士林组织了研究唯识学会，请太虚为导师；1928年，组织佛学研究会，聘请佛学宿德指导佛学研究；1931年，还开设星期佛学研究会，聘请范古农担任指导。

开展讲经活动 居士林成立后设有宣讲团，1926年，改名通俗宣讲团。此外还聘请知名的高僧和居士到林内讲经，既弘扬了佛法，也提高了中下层佛教徒的佛学水平。

世界佛教居士林对团结广大居士，进行弘法传教，举办各种佛教义化事业，对近代上海佛教的复兴，起了推波助澜的作用。

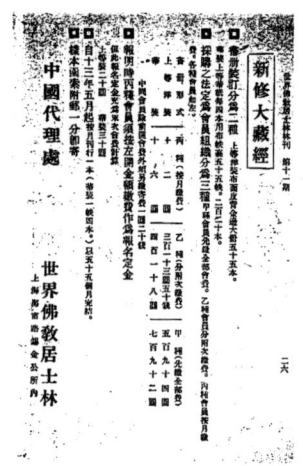

居士林林刊发行《新修大藏经》的广告

世界佛教居士林曾刊印《频伽精舍校刊大藏经》、《碛砂大藏经》、《宋藏遗珍》等经藏，此外还编辑出版发行佛学书籍共有3319种

华北居士林

华北居士林的前身为北平毓春园居士林,由崔云斋、丁淑秋居士于1926年创办,以"崇奉宗教、皈依佛乘、研究哲理、提倡救济事业"为宗旨,还举办施诊、种痘、讲经、施茶、养殖等事业。

1929年,居士林恭请到佛学渊博、德高望重的胡瑞霖居士来主持林务。胡瑞霖将居士林更名为北平华北居士林,简称为华北居士林。

华北居士林成立后,以"弘扬正法、救济众生"为宗旨,凡符合条件并缴纳林费者可吸收为林友或林员。居士林第一届林董主席为朱庆澜,理事会主席为胡瑞霖,副主席为崔云斋。自创办之始一直由胡瑞霖主持林务,1936年,他移居五台山潜修,从1938年秋到新中国成立前后,则由周叔迦担任理事长。

北京居士与霍金教授合影
1932年4月美国哈佛大学哲学教授霍金到华北居士林考察时留影。当时,华北居士林在社会上已经有很大的影响

四 近代居士的团体与活动 | 123

华北居士林自成立起就以宏扬正法为务，曾开展组织僧众佛学观摩会、成立佛学研究会、创建图书馆、创办居士林刊、开设佛画研究会等各种活动。

奉请大德弘法　华北居士林经常奉请诸山长老——太虚、常惺、慈舟、倓虚、能海、道源等莅临传戒、弘法；礼请蒙藏活佛为林众传法、灌顶，并定期举行念佛、诵经、斋僧、放生等法事。为弘扬正法，居士林亦致力于佛学讲座，延请诸方大德、学人讲经说法、介绍佛教，吸引众多听者皈依佛门。

举办佛学观摩会　1931年，胡瑞霖为激励青年学僧求法的精神，首度提倡将时下各普通学校流行的观摩会这一教育方法引入佛教教育，在居士林发起僧众佛学观摩会。参加观摩会的有柏林佛学研究社、锡兰留学团、弘慈佛学院、弥勒佛学校等4校学生，观摩会设演讲和作文两项比赛内容，除4校全体参加外，更招诸山长老、佛教团体四众弟子共300余人，由华北居士林颁给各人奖状与奖品。

成立佛学研究会　同在举办观摩会这一年，居士林集合本地的学者，组织佛法研究会，于每周日开会一次，深切研讨汉藏佛学中的重要经论，如《解深密经》、《杂阿含经》、《俱舍论》、《大智度论》、《大日经》及疏、《金刚顶经》、《苏悉地经》等，并附探讨佛学概论、佛教各宗源流。

建立图书馆　1940年，周叔迦为弘扬佛法、流通经典，将原有的三宝文库改为图书馆以便公开阅览。图书馆拥有馆藏佛教书籍、普通图书及日英文书籍1万多册，此外还备有大批报刊杂志以供浏览。1942年后，图书馆陆续恭请了《大正新修大藏经》及《大正藏经续编》。

3. 居士佛教之慈善活动

居士佛教的慈善活动在我国已有很久远的传统，南朝时齐太子萧长懋"与竟陵王子良俱好释氏，立六疾馆以养穷人"，这"六疾馆"就成了较早的居士慈善事业机构。近代以来的居士们因循着前人的步伐，举办各种慈善活动，在慈善史上写下了人性中光辉的一笔。

晚清以来，投身于佛教的居士们除了参加结社念经、参研佛学等传统活动外，还投身到了众多的慈善义行中，如养老济幼、赈灾扶危、救济贫病、忏悔感化、修桥铺路等活动形式。这些慈善救济事业的发展，说明居士佛教也已进入了关注社会、关心民众的新阶段。

襄助寺院 长期以来，寺庙本身不事生产，寺院的兴建与维护，往往以政商界居士的支持捐助为主。如青岛近代历时14年方建起的湛山寺，与叶恭绰、王金钰、周叔迦、林耕宇居士的无量功德不可分开；姜轶庵等东北居士资助倓虚在营口新建了楞严寺；上海报德庵的建立，主要依靠广东香山巨商徐国林集资而建；法藏寺则得到王一亭等人的赞助；而哈尔滨的极乐寺，则是在朱庆澜、陈飞青、叶恭绰等大护法的支持下建造起来的。此外如西安很多寺庙祖塔的修葺维护，与朱庆澜、康寄遥等人的鼎力资助是分不开的。

赈灾济困 晚清到民国期间，天灾战祸绵延不绝，饥民遍野，政府对这些民生事务的救助也往往是杯水车薪。在这种背景下，各地的佛教居士们曾多次伸出援助之手，成立赈灾组织机构，募集赈款，扶助危困，受到当时社会各界的高度赞誉和评价。如上海的世界佛教居士林，专门设有慈善部，负责赈灾事宜。每有灾祸，积极筹赈，对灾民施医、施药、施粥、施衣，使他们免受冻饿疾病之苦。

像施省之、熊希龄、狄楚青、王一亭、高鹤年、简氏兄弟、吴璧华、黄涵之、李尘白这些居士们的义举实在是不可胜数，功德无量。

感化经忏 在居士弘法活动中，还有值得大书一笔的就是一些居士们以慈悲之心，关注被社会遗忘的阶层，他们到监狱讲经布道，开示犯人，促其改恶从善，同时施物施药，从精神与物质两方面感化罪囚。如上海佛教居士林组织布教团，发起江苏监狱感化会，派遣布教师在监狱向被关押的犯人们布教。华北居士林平时的弘化事业，亦涉及到为监狱犯人讲解佛法及超度亡灵。华北居士林的盂兰盆会为居士林每年的例行法会，1933年，居士林举办第4次盂兰盆会，免费为河北监狱病亡或被处决的犯人设一总牌位，普度幽冥。

图书在版编目（CIP）数据

白衣的智慧：弘法居士 / 王望峰著. — 郑州：中州古籍出版社，2015.3
（华夏文库）
ISBN 978-7-5348-4633-5

Ⅰ.①白… Ⅱ.①王… Ⅲ.①居士－生平事迹－中国 Ⅳ.①B949.92

中国版本图书馆CIP数据核字（2014）第004743号

华夏文库·佛教书系
白衣的智慧：弘法居士

总 策 划	耿相新　郭孟良
项目统筹	单占生　萧　红（执行）
责任编辑	何慧婷
责任校对	苏晓园
美术编辑	王　歌
版式设计	王　歌
封面设计	新海岸设计中心
责任印制	刘新毅

出　版　中州古籍出版社
　　　　　地址：河南省郑州市经五路66号
　　　　　邮编：450002
　　　　　电话：0371-65788693
经　销　新华书店
印　刷　河南新华印刷集团有限公司
版　次　2015年3月第1版
印　次　2015年3月第1次印刷
开　本　960毫米×640毫米　1/16
印　张　8.25印张
字　数　60千字
印　数　1-3000册
定　价　22.50元

本书如有印装质量问题，由承印厂负责调换

华夏文库·佛教书系
近期出版书目

秀甲天下:峨眉山
清凉世界:五台山
吴地梵音:苏州三寺
禅林与地藏:九华山
海上梵呗:上海三寺
海天佛国:普陀山
重山烟雨存古刹:西南诸名寺
雪域梵宫:布达拉宫和大昭寺
帝宫佛影:雍和宫与黄寺
天上人间:敦煌艺术
洛都圣像:龙门石窟
人间佛国:大足石刻
妙相庄严:汉传佛教造像
空谷妙音:佛教与文学、乐舞、戏曲
禅茶一味:佛教与茶道
佛法初来:汉魏晋南北朝时期佛教
辉煌鼎盛:隋唐五代时期佛教
普天佛香:宋辽金元时期佛教
持盈守成:明清时期佛教
厄难中复兴:20世纪以来的中国佛教
一源八脉:汉传佛教诸宗
中土佛音:汉传佛教经典的翻译与传播
丝路佛风:西域佛教史
弘法利生:南传佛教史
雪域梵音:藏传佛教史
格鲁派诸尊:宗喀巴及其弟子达赖、班禅系统
灵性的沟通:藏传佛教佛事活动
密秘法门:藏传佛教宗派
三教归一:佛教与道教、儒教
如来佛祖:释迦牟尼及其弟子
未来救赎:弥勒佛
白衣的智慧:弘法居士
智慧之光:文殊菩萨
赞叹大愿:地藏菩萨
天龙八部:护法神

华夏文库·佛教书系

"居士,道艺处士也。"(郑玄注《礼记·玉藻》)原指德行高尚而居家不仕的人。《维摩诘经》记载,维摩诘居家学道,号称维摩居士。佛教遂以居士称呼在家的信徒。

历史上在家信众对佛法的理解与研究,作为佛教不可分割的一部分,推动了佛教的发展,也成就了居士佛教。李白、白居易、欧阳修、苏轼、黄庭坚等文人雅士皆以居士自居。近代以来,依托居士佛教,佛学义理学研究再度兴起。杨文会、欧阳渐、蒋维乔、章太炎、梁启超、汤用彤、梁漱溟等人都与佛教有甚深的因缘。通过对佛教义理学的阐释,近代中国哲学理论进一步发展,新心学、新儒家莫不与此时的居士佛教有关。

上架建议:文化 宗教 社科
ISBN 978-7-5348-4633-5

定价:22.50元